Peer Thieme

Dust and Diesel

Rallye Humanitaire

Deutschland – Senegal

7.500 Kilometer mit einem W 124 Diesel

Peer Thieme

Dust and Diesel

Rallye Humanitaire

Deutschland – Senegal

7.500 Kilometer mit einem W 124 Diesel

Rediroma-Verlag

Bibliografische Information der Deutschen Nationalbibliothek:
Die Deutsche Nationalbibliothek verzeichnet diese Publikation in der Deutschen Nationalbibliografie; detaillierte bibliografische Daten sind im Internet über http://dnb.ddb.de abrufbar.

ISBN 978-3-86870-826-4

www.rediroma-verlag.de
6,95 Euro (D)

Inhalt

Prolog

Endlich, nach einer sehr anstrengenden Arbeitswoche, ist Samstag. Wochenende. Eigentlich hat das Wort für uns keine so große Bedeutung. Zumindest was den Samstag angeht, kommen immer wieder noch berufliche Tätigkeiten zur Erledigung. Aber es ist im Regelfall doch deutlich entspannter. Der Arbeitsbeginn darf frei gestaltet werden und das wirkliche Wochenende beginnt schon vor fünfzehn Uhr.

Ausschlafen ist angesagt und um acht Uhr werden beim Bäcker frische Brötchen geholt. Während ich mich in die eisige Kälte stürze, bereitet meine Gattin das Frühstück vor. Die notwendigen gekochten Eier werden sekundengenau aus dem Topf geholt und der zweite Kaffee steht, nach meiner Rückkehr, parat.

In aller Ruhe frühstücken. Planung des Tages und lockere Gespräche zur Arbeitsaufteilung im privaten Bereich. Mein Augenmerk gilt natürlich dem Arbeitsanteil meiner Frau. Nicht das ich besonders faul bin, ganz im Gegenteil. Keine mich rufende Arbeit wird ignoriert oder weggelassen. Leider bin ich aber etwas schwerhörig und dadurch werden manche Tätigkeiten dann doch durch meine Frau erledigt.

Sie möchte halt bestimmte Dinge erledigt haben. Ist soweit auch in Ordnung. Nur muss das immer alles sofort sein? Wenn man lange genug wartet, erledigen sich manche Angelegenheiten, eben noch dringest, auch von selbst. Spätestens im Frühjahr schmilzt der Schnee von alleine. Bei unseren Temperaturen, im Regelfall, schon nach ein paar Tagen. Warum dann in die Kälte, sich Glatteisunfällen aussetzen – Erfrierungen in Kauf nehmen und sich sonstigen gesundheitsschädlichen Gefahren aussetzen? Nur um Schnee zu schippen?

Klar kommt beim Betreten der Wohnung ein klein wenig Feuchtigkeit mit herein. Das macht doch nichts. Der Boden muss doch ohnehin gewischt werden. So sieht man wenigsten sofort, wo es am nötigsten ist.

Nach dem Frühstück studiert mein Haushaltsvorstand die Tageszeitung. Ein Artikel scheint ihr dann doch so interessant zu sein das Sie mich darauf aufmerksam macht.

Mit Verstand werden die Ausführungen – die Wüste ruft – für einen guten Zweck - durchgelesen. Zugunsten eines Waisenhausprojekts touren Abenteuerlustige und Hobbyschrauber mit alten Autos durch die Sahara. Dabei handelt es sich um eine Wüstenrallye mit humanitärem Ziel. Angeblich stand etwas Ähnliches schon vor langer Zeit in der Tageslektüre. Ist mir aber nicht weiter aufgefallen. Ein Bekannter hat allerdings schon einmal im Rahmen der Historik Rallye Erzgebirge von einer solchen Tour erzählt. Klang jedenfalls spannend.

Wüstenstaub und Dieselruß, sengende Sonne und flirrender Horizont. Schrauberorgien und Märchen aus tausendundeiner Nacht. Eine Autorallye für jedermann, bei der es nicht um Siege und Sekunden geht, sondern nur ums Ankommen – für einen guten Zweck.

So beginnt der Bericht.

Wüstenstaub kann nicht so wild sein. Mit einem Cabrio wird dort sicher nicht gefahren. Dieselruß? Ist allenfalls für den Hintermann/Frau ein Ärgernis. Die sengende Sonne ist da schon eher ein Problem. Temperaturen über fünfundzwanzig Grad erzeugen bei mir schon Grenzwertigkeiten. Eine Klimaanlage würde sich als sinnvoll erweisen. Was meinen die wohl mit Schrauberorgien? Die werden sicher einen Werkstattwagen und genügend Mechaniker dabei haben, um im Pannenfall einen Defekt zu beseitigen.

Eine Rallye für jedermann! Das klingt vielversprechend. Neu, zumindest für mich, ist allerdings das es dabei nicht um Bestzeiten geht. Wo bleibt da der Ansporn? Nur Ankommen kann doch nicht so schwierig sein.

Zweimal im Jahr findet diese Rallye statt. Start ist im spanischen Tarifa. Teilnehmer aus ganz Deutschland und maximal 25 Teams. Das klingt überschaubar. Kleine Gruppen sind meistens gemütlicher.

Von Tarifa aus, 5000 Kilometer, durch Marokko, der Westsahara und Mauretanien. Drei Wochen über endlose Serpentinen des Atlas, durch den Dünensand der Sahara und kilometerweit über den Sandstrand des Atlantiks. Zwischendurch ein eintauchen in die Märchenwelt jahrtausendalter Königstädte, orientalischer Basare und verborgenen Wüstenoasen. Vom senegalesischen Dakar mit dem Flugzeug nach Hause.

Mit dem Flugzeug nach Hause? Und mein Auto?

Weiter wird berichtet, dass die Kosten pro Teilnehmer für dieses Abenteuer bei ca. 3500 Euro liegen. Das beinhaltet natürlich auch die Startgebühr, den Kauf eines alten Autos und das Rückflugticket. Diese Autos sind der eigentliche Clou der Rallye. Für zumeist weniger als 1000 Euro kaufen die Teilnehmer sich in Deutschland ein altes Auto, fahren damit die Tour bis zur Grenze Mauretanien – Senegal und geben dort den Wagen ab. Der Verkauf erfolgt schon ein paar Tage vorher in Mauretanien.

Der Verkaufserlös wird in voller Höhe, an den Verein AEPN Mauretanien, gespendet. Der Verein finanziert mit diesen Spenden zwei Kinderheime in Mauretanien: ein Waisenhaus in Nouadhibou und eine Tagesstätte für bedürftige Familien in Nouakchott. Pro Rallye kommen bis zu 20.000 Euro an Spenden zusammen, sagt der Mitveranstalter stolz. Das ermöglicht die Betreuung von bis zu 160 Kindern. Ein wesentlicher Teil finanziert sich aus dem Erlös der jährlichen Rallye „ Dust and Diesel".

Jetzt verstehe ich auch, warum es einen Rückflug gibt. Das Auto wird dort an einen Händler verkauft. Was aber ist mit all den notwendigen Ausrüstungsgegenständen? Bei fünfundzwanzig Teams kommt schon was zusammen. Hat das Flugzeug auch einen Anhänger für den Rücktransport dabei?

In Mauretanien ist die Sklaverei schon mehrmals offiziell abgeschafft worden, jedoch bis heute noch alltäglich. Kindersklaverei ist weit verbreitet und der Anteil arbeitender Kinder im Alter von 5 bis 14 Jahren lag 2013 bei 16 Prozent. Von der Sklaverei betroffen sind vor allem schwarzafrikanische Haratin, die als Landarbeiter oder Hausangestellte unentgeltlich arbeiten müssen. Laut Schätzungen beträgt die Zahl derer ca. 550.000.

Das in der Sahelzone liegende Land besteht nahezu vollständig aus Wüsten- und Steppenlandschaft und gilt mit Platz 155 des human Developmet Index als eines der ärmsten Entwicklungsländer weltweit. Die Analphabeten Rate beträgt derzeit 57 Prozent bei Frauen und 40 Prozent bei Männern. Trotz Schulpflicht für alle 6- bis 11 Jährige werden nur 75 Prozent aller Kinder eingeschult.

Weiter im Text der Zeitung:

Auf die Piste gehen bei der Afrikafahrt vorzugweise alte Mercedes-Diesel. „Die alten Dieselmotoren halten ewig, und für einen Mercedes bekommt man in jedem afrikanischen Dorf Ersatzteile.“ Also haben Veteranen mit dem Stern auf der Haube in Afrika den höchsten Marktwert. Somit erklärt sich dann auch der Name Dust and Diesel. Genug Dust machen die alten Heizöl-Ferraris schon immer. Natürlich können die Teilnehmer auch mit jedem anderem Auto auf die Reise gehen.

Ein wenig fit gemacht werden müssen die Pistentaxis aber schon für die lange Reise. Stärkere Federn, Schutzbleche für Ölwanne und Auspuff und sonstige Kleinigkeiten. Geplatzte Reifen, abgerissene Auspuffstränge und ausgeschlagene Traggelenke. Der begleitende Rallyemechaniker hat unterwegs mehr als genug zu tun.

Wo er nicht weiter kommt, helfen örtliche Werkstätten. Angeblich gibt es nichts, was eine afrikanische Dorfwerkstatt nicht über Nacht wieder hinbekommt.

Das glaube ich gerne. Dort sind schließlich noch Mechaniker und nicht wie in Europa Teiletauscher am Werk. Die kommen auch ohne Laptop aus, um einen Fehler zu erkennen. Ist auch meistens mechanischer Natur. Die alten Schüsseln haben es noch nicht so mit der Elektronik. Zudem brauchen sich die Jungs auch nicht den deutschen Prüforganisationen herumschlagen. Hauptsache hält und fährt irgendwie.

Es gibt aber auch Gefahren auf dieser Rallye. Das Auswärtige Amt warnt seit Langem vor terroristischen Gewaltakten, Entführungen und kriminellen Übergriffen in Mauretanien. Ebenso sieht es erhöhte Gefährdungen durch islamistische Gruppen.

Für mich sehe ich hier keine Gefahr. Sollte ich entführt werden, bringen mich die Entführer spätestens am zweiten Tag entnervt zurück. Damit ich auch zurückgenommen werde, geben die Terroristen bestimmt gerne noch ein Betreuungsgeld dazu.

Dass die nächste Rallye im Mai erstmals noch freie Startplätze hat, führen die Veranstalter auf eine übertriebe Angst vor der Ebola-Seuche zurück. Die gibt es aber im Bereich der Rallye definitiv nicht. Zudem besteht auch nicht die Pflicht, sich anzustecken.

Dem Artikel sind einige interessante Bilder beigefügt. So schieben acht Personen einen im Wüstensand stecken gebliebenen Mercedes. Wie überall gibt es aber anscheinend auch bei der Wüstenrallye Arbeiterdenkmale. Hände in den Hosentaschen und die Arbeitsleistung der anderen kommentieren.

Alles in allem ein sehr interessanter Artikel. Eine gute Idee der Veranstalter und wen das Geld auch wirklich bei den Kindern ankommt. Bei den üblichen Spenden sieht man ja nie, was daraus wird.

Das Wort „Wüstenrallye" klingt dermaßen gut das ich mir den ungeliebten Laptop schnappe und die erwähnte Internetseite aufrufe. Sofort fällt mir die Spalte, geänderte Mai-Route, auf. Ein zusätzlicher Pistentag und Fahrt auf einem Teilstück der legendären Rallye Paris Dakar. Das klingt doch spannend.

Als Nächstes werden die Leistungen der Startgebühr unter die Lupe genommen. Organisation, Planung und Durchführung der Rallye. Technische Betreuung durch einen Rallyemechaniker. Ein detailliertes Road- Book. Übernachtungskosten auf den im Road- Book aufgeführten Campingplätzen. Gebühren für sämtliche Grenzübertritte inklusive Kosten für Zoll, Gendarmerie und Polizei. Eintrittskosten für Nationalpark Banc d´ Arguin, Buschtaxi nach St. Louis / Senegal und eine Abschlussparty in St. Louis. Des Weiteren gibt es pro Team noch Kartenmaterial, Checklisten, Visa-Anträge, ein Road-Book, Startaufkleber und ein T-Shirt.

Stand in der Zeitung nicht, dass auch gelegentlich Übernachtungen in festen Gemäuern stattfinden?

Zelten hat mir schon immer Spaß gemacht. Habe ich auch regelmäßig gemacht. Das letzte Erlebnis ist aber schon um die zwanzig Jahre her. In Norwegen am Sandstrand mit meiner Frau. Jeden Morgen mussten wir den Flugsand vor unserem Zelt wegschaufeln, um wieder Tageslicht zu erblicken. Somit ist Wüsten-Erfahrung im Zelt schon mal vorhanden. Dürfte also kein Problem sein, im Sand zu zelten. Und schließlich war man ja mal, als Kind, Pfadfinder.

Auch waren einige sehr eindrucksvolle Bilder etlicher Pannen bei den diversen Touren abgelichtet. Daher der Begriff Schrauberorgien. Die Reparaturmaßnahmen sahen schon sehr schweißtreibend aus. Die Tour wurde mir immer sympathischer. Seltsamerweise reagierte meine Frau sehr gelassen auf mein Interesse. Ich glaube sie rechnete nicht mit einer Teilnahme meinerseits. Drei Wochen Urlaub. Das gab es seit 1986 nicht mehr. Dann in die Wärme, die er nicht wirklich mag. Es gab keine Pokale zu gewinnen und ein erster Platz war auch nicht zu erringen. Also nichts für ihren Ehemann.

Am Montagmorgen eine kurze Mail an den Veranstalter und Interesse für die Dezember Rallye bekundet. Die Antwort kam prompt: Die Dezember Veranstaltung ist bereits ausgebucht. Steht auch so auf der Internetseite. Stimmt: Wer lesen kann, ist klar im Vorteil. Meine Stärken liegen auch mehr im Rechnen. Aber für die Mai-Tour sind ja noch Plätze frei.

Das ist eigentlich zu kurzfristig. Kein Auto und wie sollen die Kisten den aussehen, um wüstentauglich zu sein? Ich bekomme die Mailadresse des Mitorganisators. Der wohnt hier in der Nähe und hat auch eine Werkstatt.

Ein Treffen wird vereinbart. Ein schon vorbereites Auto steht zur Besichtigung bereit.

Mich erwartet ein junger Mann, gerade mal knapp über 26 und schon Kfz-Meister. Ein alter Daimler steht vor der Werkstatt und hat eine beachtliche Bodenfreiheit. Er ist die Rallye schon mehrfach als Servicemechaniker mitgefahren und gibt mir bereitwillig auf alle meine Fragen, zur Tour und Autos, eine nachvollziehbare Antwort. Ich wäre von solch vielen Fragen genervt gewesen. Er hat die Ruhe weg. Zum Abschluss erklärt er mir, dass ein Bekannter ein geeignetes Fahrzeug zu verkaufen hat. Auch findet am nächsten Sonntag eine Vorbesprechung in der Nähe statt. Der Hauptorganisator kommt ebenfalls aus Bayern angereist und erklärt den Ablauf der „Kaffeefahrt“.
Mit meiner Frau geht es zur Vorbesprechung. Florian Schmidt, der Organisator, ist ein junger dynamischer Mann. Klar und ohne Schnörkel wird der Ablauf vorgetragen. Bei der Zeitplanung und Routenwahl besteht für die

Teilnehmer freie Hand. Ausnahmen gibt es nur bei den vorgeschriebenen Konvoi Fahrten. Natürlich kann der Rallyemechaniker nicht jede Straße abfahren, um bei einem technischen Problem hilfreich zur Seite zu stehen. Besser ist es also nach Road- Book zu fahren. Einige Bedingungen gibt es aber dann doch: Jeden Abend um sieben Uhr ist eine Fahrerbesprechung und jeder hat daran teilzunehmen. Bei Grenzübertritten sind den Anweisungen vom Florian unbedingt Folge zu leisten, ohne wen und aber. Hier ist Disziplin angesagt.

Selbst Brigitte stellt einige Fragen, die zu ihrer Zufriedenheit beantwortet werden. Eine Checkliste für Ausrüstung und Fahrzeug erhalte ich auch. Für mich steht fest: Da mache ich mit und sage meine Teilnahme vor Ort zu. Meine Frau meckert noch nicht einmal mit mir. Meine Frage, ob sie auch mitkommen möchte, wird schnell und klar beantwortet. NEIN!

Damit steht für mich fest, dass ich alleine fahre. Die meisten Teams fahren zu zweit, einige sogar zu dritt. Das senkt natürlich die Kosten der einzelnen Teilnehmer und beim Fahren ist eine Ablösung möglich. Ist egal, Langstreckenfahrten sind nichts Neues für mich und die beiden Veranstalter fahren ja auch alleine. Was die können, nebenbei haben die auch noch einiges anderes zu erledigen, kann ich auch.

Das Auto

Von einem der Organisatoren wurde mir, in der Vermittlung, ein Fahrzeug angeboten. Einige Bilder stellt er mir zur Verfügung. Ein Daimler 200 D mit etwas über 240.000 Kilometer Laufleistung. Viele Aufkleber von diversen Sponsoren sind verklebt und die Litfaßsäule wird noch jeden Tag, zu Werbezwecken für die Dust and Diesel Rallye, gefahren. Angeblich sind bei diesem Motorentyp Laufleistungen von über 500.000 Kilometer möglich. Für mich kaum vorstellbar. Bei meinen Fahrzeugen klappt das jedenfalls nicht. Mein erster Mercedes 280 SE hat bei 160.000 Kilometer die Flügel gestreckt. Und jetzt mit so einem Dampfer noch fast 8.000 Kilometer weit fahren? Ist aber auch kein Benziner, sondern ein Diesel. Die halten schon ein wenig länger.

Nach kurzer Zeit stellt sich aber heraus, dass das Fahrzeug, noch eine lange gültige HU hat, und nun erst zur Dezemberrallye verkauft werden soll. Alternativ wird mir ein anderes Fahrzeug angeboten. Besitzer ein Kraftfahrzeugmeister von Mercedes. Das spricht doch für sich! Ich sehe das ein wenig anders. Gerade die Fachleute lassen viele notwendige Zeitwartungen aus. Auch erforderliche Reparaturen werden gerne auf später verschoben. Wen etwas kaputt geht, kann das auch noch unterwegs notdürftig repariert werden. Zu Hause wird dann nachgearbeitet. Zumindest habe ich das, in meinen jungen Jahren, immer so mit meinen Fahrzeugen gehalten.

Ein Auto blind zu kaufen liegt mir so gar nicht. Immerhin hat mir der Verkäufer, per Mail, zwei Fotos zukommen lassen. Ebenfalls ein Mercedes Benz 200 D in Grau- Metallic. Die Optik scheint nicht einmal so schlecht zu sein. Ein Stern vorne auf dem Kühler ist vorhanden und eine Anhängerkupplung gibt es auch. Weitere Angaben bleiben mir erst einmal verwehrt.

Da der Kontakthersteller zum Verkäufer ebenfalls an der Rallye teilnimmt, zudem noch als Rallyemechaniker, kaufe ich das Auto. Natürlich mit dem Hinweis das er, als meine Garantieabteilung, hinter mir herfährt.

Eine solche Tour bin ich ja noch nie gefahren. Ich habe kein Interesse daran die erforderlichen Maßnahmen, die an das alte Fahrwerk, den Unterbodenschutz, der Höherlegung oder sonstiger Notwendigkeiten erforderlich sind, neu zu erfinden. Die Hardyscheiben, vordere Traggelenke, das Kardanwellenlager und die Domlager müssen erneuert werden. Ebenso müssen die Spurstangen, Radlager, Hinterachslagerung, Abgasanlage, sämtliche Ölstände bei Motor, Getriebe und Differenzial überprüft werden.

Die Höherlegung erfolgt durch den Einbau längerer Federn und zusätzlich eingebauter Federgummis. Alternativ kann auch eine Spanplatte passend zugeschnitten werden. Mindestens 7 cm zusätzliche Höhe müssen erreicht werden. Ein stabiler Unterfahrschutz aus 4 mm Stahlblech ist zu verbauen.
Eventuell vorhandene Anhängerkupplungen sollen entfernt werden.
Vorsichtshalber werde ich diese Kleinstarbeiten einem erfahrenen Profi übertragen.

Einige Tage später bekomme ich die Mitteilung: Das Auto ist da! Wenn ich will, kann ich mir schon einmal die Papiere holen. Die Umbaumaßnahmen dauern aber noch ein wenig. Nach einem Geschäftstermin muss ich notgedrungen an der Werkstatt vorbeifahren. Also einen Zwischenstopp eingelegt und meinen zukünftigen Rallye-Wegbegleiter begutachtet.

Ein Blick auf das Auto. Ein Schock ergreift mich. Der Stern auf der Kühlermaske fehlt. Ich soll Tausende von Kilometern mit einem Mercedes ohne Stern fahren? Das geht überhaupt nicht. Gleichzeitig fällt mir ein, dass ich zu Weihnachten einen Flaschenöffner in Form eines Löwen bekommen habe. Der muss als Sternersatz auf die Haube. Passt auch viel besser zur Tour. So werden störende im Weg rumstehende, Dromedare, schnell verjagt. Auch die Anhängerkupplung ist nicht mehr verbaut.

Laut Tacho hat auch dieser Wagen erst 240.000 Kilometer gelaufen. Das sieht gut aus. Wenn es den der Tatsache entspricht. Baujahr ist 1993, also zweiundzwanzig Jahre alt. Vier Zylinder mit zweiundsiebzig Power- PS, verbunden mit einem fünf Gang Getriebe. Noch nicht einmal ein Youngtimer, fast noch ein Neuwagen. Vom Blech her eigentlich ein recht ordentlicher Zustand. Gut die Haube hat einen kleinen Schlag und der Kotflügel rechts ist auch nicht so schön, dafür ist die Längstraverse etwas zerknittert. Bei geschlossener Motorhaube sieht das kein Mensch. Sonst aber kann man sich damit durchaus sehen lassen. Der Innenzustand entspricht dem Alter und kann als akzeptabel angesehen werden. Hätte schlimmer kommen können.

Einige Vorteile bietet das Auto zusätzlich. Die hinteren Seitenscheiben und das Heckfenster sind mit dunkler Folie versehen. Die anderen Scheiben sind Wärmeschutz isoliert und die Frontscheibe hat einen Grünkeil. Auch ein elektrisches Schiebedach ist verbaut. Das Beste: Es funktioniert sogar. Ein Radio mit Kassettenlaufwerk ist ebenfalls vorhanden. Der Airbag für den Fahrer ist verbaut. Zu der Zeit, bei Fahrzeugherstellung, wurden eventuelle Mitfahrer noch nicht so als schützenswert angesehen. Die Servolenkung und Nebelscheinwerfer runden, neben dem beheizten Wischwasserbehälter, die Luxusausstattung ab.

Natürlich fehlen einige gewohnte Kleinigkeiten. Ob ich, für diese Rallye, unbedingt eine Sitzheizung brauche, wird sich zeigen. Klimaanlage wäre sicherlich von immensem Vorteil. Aber was nicht ist, ist halt nicht! Auch die gewohnte Luftfederung in Verbindung mit der Lendenwirbelstütze des Fahrersitzes wird mir fehlen. ABS ist zwar vorhanden, nur das braucht niemand. ASR, EBS usw. fehlen dafür.

Eine Woche vergeht und mein Auto ist jetzt für die Wüstenfahrt tauglich. Rein optisch ist es eigentlich nur deutlich höher und der Federweg ist auf null begrenzt. Ab zur Zulassungsstelle und die Anmeldung mit den reservierten Kennzeichen DD 515 vorgenommen.

Zusammen mit meiner Frau wird die Abholung vorgenommen. Erster Kontakt Mensch und Maschine. Anspringen ohne Probleme. Die Batterie scheint noch einigermaßen im Saft zu stehen. Licht geht auch. Laut Tankanzeige ist der Dieselvorrat eher im Minus zu sehen. Nach Ja, die paar Kilometer wird es schon reichen. Chefin fährt ja hinter mir. Einen Reservekanister hat sie aber trotzdem nicht dabei. Ohne Probleme werden die sieben Kilometer, zu unserem Heim, locker geschafft.

Am nächsten Morgen, gegen sechs Uhr, wird die Nachbarschaft geweckt. Nach kurzem Vorglühen springt der Motor problemlos an. Die Geräuschentwicklung ist aber vergleichbar mit einem Lanz – Bulldock. Zwischen den Häusern klingt das etwas heftig. Schnell den Rückwärtsgang eingelegt und weg, bevor die Nachbarn mich als Ruhestörer ausmachen können. Klappt nicht so zügig wie geplant. Der Gang klemmt und es dauert halt ein wenig. Dafür lässt der Krach ein wenig nach. Ein Positives hat das ganze aber. Überall gehen die Lichter an und erhellen meine Ausfahrt. Dadurch kann ich viel besser, ohne irgendwo anzuecken, auf die Straße fahren.

Locker schaffe ich die zwei Kilometer bis zu meinem Arbeitsplatz. Jetzt müssen noch die lebensnotwendigen Zusatzeinrichtungen verbaut werden. Von einem Bekannten habe ich einen Getränkekühler, auf zwölf Volt Basis, bekommen. Auch ein Spannungswandler von zwölf auf zweihundertzwanzig Volt ist nötig. Wie soll ich mich den sonst rasieren, wie sollen die Batterien für den Fotoapparat aufgeladen werden? Mindestens zwei weitere zwölf Volt Steckdosen müssen auch noch eingebaut werden. Immerhin besitze ich ja einen 12-Volt-Tauschsieder. So kann auch während der Fahrt ein dringend notwendiger Kaffee gekocht werden.

Dann die Funktionskontrolle des Radios. Geht nicht. Der Sicherheitscode fehlt. Ohne Radio? Allein bis Südspanien sind es 2.800 Kilometer. Ohne

Musik und Verkehrsdurchsagen? Na gut der Anteil an deutscher Strecke ist nur ca. 450 Kilometer. Spätestens ab dem französischen Sprachraum verstehe ich ja doch nichts mehr. In Spanien wir das sicherlich nicht besser. Da hilft dann nur der Kassettenrecorder.

Nach einem Rückruf bei meinem Monteur vermutet er, dass auf dem Radio selbst irgendwo der Code vermerkt wurde. Radio ausgebaut und richtig. Das Gerät gibt, nach Eingabe der vier Zahlen, Lebenszeichen von sich. Auch das Laufwerk funktioniert. Leider ist der Empfang nicht berauschend. Das liegt sicher an der Antenne. Die ist höchstens zur Hälfte herausgezogen. Das lässt sich schnell richten. Ein kurzer Zug am Antennenstab und schon habe ich das Ding in der Hand. Das ist halt so, wenn ungezügelte Kräfte sinnlos walten. Nach erfolgreicher Reparatur gibt es doch deutlich mehr Sender zu empfangen. Das ist schon einmal die halbe Miete. Als Alleinfahrer kann es zumindest in Europa schon mal langweilig werden. Dumm ist nur, dass nach jedem Ausschalten der Zündung der Code neu eingegeben werden muss. Ich hätte mir die paar Zahlen ja auch merken können. Dafür weiß ich jetzt, wie bei einem Daimler das Radio zügig ausgebaut werden kann. So lernt man halt dazu.

Nach dem Volltanken werden einige Stadtfahrten durchgeführt. Meine Nachbarn gewöhnen sich sicherlich an die kleine Ruhestörung am frühen Morgen. Anderseits, zu diesem Zeitpunkt, sollte die arbeitende Bevölkerung langsam mal wach werden. Samstags fahre ich auch nie vor sieben Uhr los. Genug Zeit zum Ausschlafen.

Die erste größere Probefahrt steht an. Um auf alle zu erwartenden Schwierigkeiten vorbereitet zu sein, ist eine Fahrt in den Harz geplant. Immerhin erwartet mich in Marokko das Atlasgebirge. Der höchste Berg ist der Toubkai mit 4185 Meter Höhe. Bei dieser Höhe ist auf jeden Fall mit Schnee zu rechnen. Tatsächlich liegt im Harz, auf einigen gesperrten Waldwegen, noch ausreichend Schnee. Die Wintertauglichkeit kann also getestet werden. Auch bei den Steigungen bis 10 Prozent kann der Daimler zeigen, was er so drauf hat.

Start bei Regen. Fahrt bei Regen. Ankunft bei Regen. Der Scheibenwischer arbeitet einwandfrei und die Scheibenwaschanlage funktioniert ebenfalls.

Auch kommen keine Wassermassen ins Fahrzeuginnere. Fazit: Das Auto ist regentauglich.

Dauertest auf der Autobahn: volle Beschleunigung bis an den Drehzahlbegrenzer. In weniger als 13 Sekunden ist die die 50-Km/h-Marke erreicht. Nach weiteren 15 Sekunden zittert die Tachonadel schon bei 100 Km/h. Tief in die Sitzpolster gedrückt erst einmal durchatmen. Kein LKW hat mich von der Bahn geschoben.

Ein völlig neues Fahrgefühl erschließt sich mir. Es ist durchaus möglich, auch längerfristig auf der rechten Spur der Autobahn zu fahren. Die Beschaffenheit der Fahrbahn ist gar nicht so schlecht, wie ich immer dachte. Nach weiteren fünf Minuten habe ich die Wahnsinnsgeschwindigkeit von 140 Km/h erreicht. Leider ist die Lautstärke des Radios jetzt nicht mehr ausreichend. Alle Versuche das Ding lauter zu stellen verpuffen. Blödes Ding. Dabei soll es sich doch um ein Qualitäts-Produkt handeln. Immerhin steht auf dem Teil: Mercedes Benz. Anscheinend lassen die auch nach. Verkehrsnachrichten konnte ich nicht verstehen und schon ist der Stau bei Osnabrück vor mir. Macht nichts, so kann ich feststellen, ob die Motorkühlung hinhaut. Klappt, keine Auffälligkeiten.

Das Mercedes, bei der Herstellung seiner Autos, sparen muss zeigt sich auch beim Scheibenwischer. Anstatt der üblichen zwei Wischerarme hat das Teil nur einen. Reicht aber völlig aus. Kleinvieh macht auch Mist.

Hinter Osnabrück geht es im beschleunigten Tempo weiter. Locker können einige LKW überholt werden. Auffällig nur, dass es, an diesem Tag, so viele Raser in Deutschland gibt. Immer wieder werde ich überholt. So etwas passiert mir sonst nur selten. Kurz vor Bad Oeynhausen der nächste Stau. Die nächste Abfahrt runter und ab durch die Stadt. Anscheinend hatten andere auch diese glorreiche Idee. Jede Menge Ampeln und nur noch Stopp und Go. Das Auto erträgt alles klaglos. Nur die Schaltung macht etwas zu schaffen. Der erste Gang will nicht so wirklich eingelegt werden. Mit dem Einsatz vom Zwischengas klappt es aber ein weinig besser.

Hinter Bad Oeynhausen beginnt das Getümmel. Die Autobahn 2, Richtung Hannover, ist auf allen drei Fahrsuren gut gefüllt. Mein kleiner Diesel passt sich gut an und auch der erste Berg vor Bad Eilsen wird locker genommen.

Die Talfahrt bringt eine Geschwindigkeit zustande, die das Befahren der dritten Spur ermöglicht. Kaum auf die mittlere Spur zurück gewechselt schert ein LKW vor mir aus. Bei dem starken Regen war seine Sicht sicherlich extrem eingeschränkt. Den Verkehr hinter sich konnte er somit nicht wahrnehmen. Das der Blinker seinen Dienst versagt hat lag auch nur an der hohen Luftfeuchtigkeit. Zurück in die dritte Spur geht nicht. Bremsentest ist angesagt. War bei normalen Bremsen ein leichtes Ruckeln zu spuren zittert das Fahrzeug in seinen Grundfesten. Es rubbelt und schlägt in allen Ecken. Jetzt könnte jedes Mixgetränk vorbildlich geschüttelt werden. Verzögern klappt aber doch. Wie wichtig sind die Bremsen für die anstehende Tour? Eher als nebensächlich anzusehen. Sobald man vom Gas geht, bremst die Kiste ohnehin, als ob ein Bremsfallschirm ausgeworfen wurde. Für den Rest der Verzögerung wird es schon reichen. Eine Kontrolle wird trotzdem zu Hause vorgenommen.

Nach dem üblichen Stau um Hannover geht es nach Braunschweig. Der Sternersatz am Kühlergrill, mein Büssing-Löwe, fühlt sich hier heimisch. Die Stadtdurchfahrt geht besser wie gedacht. Das Fahrzeug läuft nach wie vor super. Hinter Wolfenbüttel kommen die ersten Berge des Harzes in Sicht. Tief durchatmen und hinter Bad Harzburg geht es in die Sonderprüfung.

Dank zahlreicher Geschwindigkeitsbegrenzungen werde ich nicht zum Verkehrshindernis. Hinter der Jägermeisterbaude ab auf einen Waldweg. Hier liegt ausreichend Schnee, um die Wintereigenschaften zu testen. Auf der Hinterachse sind schließlich Winterreifen montiert. Wird somit kein Problem werden. Leichter Anstieg den Berg hinauf und ab in den schneebedeckten Weg.

Nach zweihundert Metern ist Schluss. Kurzes Durchdrehen der Räder. Das seitliche Wegrutschen wird durch einen kleinen Graben beendet. Und das mir als Schnee, Regen und Nebelspezialist. Ein Daimler ist halt kein Käfer. Ob die Profiltiefe, von knapp zwei Millimeter, etwas damit etwas zu tun hat? Kann ich mir eigentlich nicht vorstellen. Wer braucht schon Profil auf den Reifen, wen er fahren kann. Ich kann es wohl nicht mehr so richtig. Das ständige Bewegen von Hochleistungsprodukten mit Allrad, in Verbindung mit vier Winterreifen und vollem Profil, zahlt sich halt nicht immer aus.

Fahrerische Leistung ist nicht mehr so stark gefordert. Rückwärts zurück auf die Hauptstraße.

Eine lange Gerade zum Schwung holen und den letzten steilen Anstieg hinauf nach Torfhaus. Flottes Runterschalten und die vier Dieselzylinder auf Drehzahl halten. Mit Atemberaubenden 55 Km/h wird der Hügel erklommen. Ein Blick, Richtung Brocken, und es war geschafft. Auch diese Hürde wurde ohne Komplikationen bewältigt. Das Fahrvergnügen wird allerdings durch heftige vorherrschende Sturmböen beeinträchtigt. Windstärken so um die Vier lassen das Auto von rechts nach links schwenken. Durch seine neue Höhe bietet er auch eine entsprechende Angriffsfläche.

Hinter Braunlage abbiegen nach Zorge. Auf der ehemaligen Bergrennstrecke kann jetzt das Kurvenverhalten ausprobiert werden. Die Kreisstraße ist in einem derart schlechten Zustand das hier seit Jahren eine Geschwindigkeit von 50 Km/h gilt. Schlimmer können die Wegeverhältnisse in Afrika auch nicht sein. Nur, ob es gelingt, jede Kurve mit 50 zu nehmen? Versuch macht klug.

Schon nach den ersten Kurven zeigt sich, dass das doch sehr harte Fahrwerk unnormal reagiert. An nassen Stellen rutscht das Hinterteil immer nach außen. Das macht schon mal Spaß. Bei trockenen hüpft es aber wie ein ausrollender Tischtennisball. Das erinnert an das Fahrverhalten eines Käfers mit Pendelachse. Die vielen Schlaglöcher sorgen, durch den nicht mehr vorhandenen Federweg, für einen direkten Kontakt mit der Wirbelsäule. Bei diesem Fahrzeug wird noch echte Verbundenheit zur Straße hergestellt. Fazit: Gemäßigte Vorwärtsbewegung bei Bodenvertiefungen und die Kurvengeschwindigkeit etwas verringern. Ansonsten: alles Gut.

Auf dem Rückweg wird eine erneute Harzüberquerung ausgelassen. Dauertest ohne Stau auf Schnellstraßen und Autobahn bis Bad Oeynhausen. 700 Kilometer Teststrecke liegen nun hinter mir. Die Tankanzeige steht kurz hinter halb. Nach über zwanzig Jahren ist der Anzeige sicherlich nicht zu hundert Prozent zu trauen. Also ran an eine Tankstelle, bevor der Sprit ausgeht. Nach 41 Litern schaltet die Zapfsäule sich ab. Lediglich ein Liter ist noch in den Tank zu bekommen. Sechs Liter auf hundert Kilometer. Dass es so etwas überhaupt gibt. Ich kannte das bis dahin nur aus Fabeln irgendwelcher autofahrender Märchenerzähler. Spritsparend bin jedenfalls nicht gefahren. Das Auto wurde schon, bis an seine Grenzen, gefordert.

Die Probefahrt lässt hoffen. Keine wirklichen Schwächen waren festzustellen. Keine Fehlfunktionen und alle notwendigen Teile erfüllen ihren Dienst. Natürlich kann auf den vor mir liegenden 7500 Kilometern immer mal etwas in den Dutt gehen. Vorsichtshalber werde ich die defekte Warnblinkanlage doch noch zum Laufen bringen.

Die Vorbereitung

Mit dem Starterpaket habe ich eine Checkliste für die notwendige persönliche Ausrüstung erhalten. Auch die Anträge für die Visa von Mauretanien und den Senegal waren dabei. Die Zeit drängt jetzt. Die Visa-Beantragung Mauretanien kann auch schon mal vier Wochen betragen. Per Internet ist eine Nummer zu beantragen und die Bezahlung erfolgt per Kreditkarte. Dann wird der Reisepass nach Berlin, zur Botschaft, geschickt. Hoffentlich sehe ich den noch mal wieder.

Für das Senegal Visa geht die Beantragung auch per Internet. Nach Bezahlung und dem Erhalt der notwendigen Schriftstücke darf man dann nach Berlin, zu der dortige Botschaft fahren, um sich das Visum im Pass eintragen lassen. Dafür reicht die Zeit aber nicht mehr. Alternativ geht das auch in der Botschaft vom Senegal in Nouakchott.

Die empfohlenen Ausrüstungsgegenstände müssen zusammengesucht werden. Der erste Gang führt in die Küche. Dort stehen mehr wie genügend Töpfe und Pfannen rum. Meine Ausmusterungsversuche finden ein jähes Ende, als meine Frau mich fragt, was ich den wohl in der Küche will. Alle dort befindlichen Gegenstände werden für den täglichen Gebrauch benötigt. Auch alle Messer, Gabel und Löffel sind unabkömmlich. Ihr reichen schon die Schwundmengen, die bei einer längeren Abwesenheit ihrerseits auftreten. Gemeinsam wird der Einkauf notwendiger Kochutensilien vorgenommen. Auch das Werkzeug zur Nahrungsaufnahme wird erworben.

Ein Zelt ist aus alten Vorzeiten noch vorhanden und wird probehalber im Keller aufgebaut. Der dreißig Jahre alte Schlafsack hat jeden Mottenangriff überstanden und wird entsprechend eingeplant. Was fehlt ist eine Luftmatratze. Ebenso muss ein Gaskocher angeschafft werden, sowie ein 12-Volt-Luftkompressor mit Manometer. Lange Heringe fürs Zelt fehlen auch und das notwendige Insektenspray „Antibrumm“ auf Anraten des Veranstalters. Antibrumm: Spaß muss sein. Das Zeug gibt es aber wirklich mit diesem Namen.

Ein gängiges Verkaufsportal wird bemüht. Wen schon im Zelt schlafen dann aber mit einer breiten Ruhefläche. Ein Reisebett mit 140 cm Breite wird geordert. Nach ein paar Tagen ist es auch schon da. Mit der Handluftpumpe wird das Teil mühsam aufgeblasen. Der Einbau ins Zelt klappt dann leider nicht. Der Innenraum ist für das Luxusbett zu klein. Macht aber fast gar nichts. Der fünfzehn Euro teure Luxusartikel ist undicht und verliert innerhalb weniger Minuten seine Spannkraft. Dafür passt er jetzt aber in das Zelt. Ein Neukauf ist erforderlich. Diesmal wird es nur eine Luftmatratze mit normalen Abmessungen. Auch die anderen Dinge werden schnell im Internet gefunden. Es ist wie Weihnachten. Fast jeden Tag kommt ein Päckchen. Schon jetzt erfüllt mich ein Abschiedsschmerz mit Trauer. Nichts davon bringe ich wieder mit zurück.

Bei den Kleidungsutensilien wird es schon schwieriger. Das Ausmisten des Kleiderschrankes steht an. Da die Fahrerei schon anstrengend genug ist, wird der Plan einer regelmäßigen Waschaktion sofort verworfen. Allein der Umstand das keine Waschmaschine und Trockner vorhanden ist schließt Überlegungen der selbstständigen Reinigung grundsätzlich aus. Es sind Kleidungstücke zu finden, die, nach Gebrauch, entbehrlich sind.

Sämtlich vorhandene T-Shirts werden ausgebreitet. Meine Frau wird sehr schnell fündig und über zwanzig Oberbekleidungstücke werden aussortiert. Ich melde heftigen Protest an. Nur weil ich einige Teile in der letzten Zeit nicht so häufig getragen habe. Trotzdem sind die nicht geeignet, um in Verlust zu geraten. Das Shirt von der Vorstellung des neuen MAN F 90, Anfang der 90 er Jahre, zum Beispiel gibt es nirgendwo mehr. Weil ich es noch nie getragen habe, heißt nicht das das Teil über ist. Auch das wertvolle Teil von meinem ersten Besuch bei einem Formel eins Rennen, Nürburgring 1987, darf nicht verloren gehen. Wertvolle Erinnerungsstücke müssen doch erhalten bleiben. Eigentlich sollte meine Herzdame dafür Verständnis haben. Von ihren alten Kleidungsstücken kann sie sich ja auch nicht trennen.

Nach diversen Diskussionen werden entsprechend viele Teile zur Seite gelegt. Zumindest mit der Oberbekleidung komme ich die drei Wochen aus. Bei den Strümpfen, Unterhemden und Unterhosen habe ich keine persönlichen Bindungen und wir werden schnell fündig.

Notwendige Ausrüstungsgegenstände fürs Auto werden aus überzähligem Werkzeug und sonstiger alter Besitztümer zusammengestellt. Bei der näheren in Augenscheinnahme stellt sich allerdings heraus, dass die meisten Teile doch nicht mitgenommen werden können. Nur weil sie seit Jahren unbenutzt in der Garage herumliegen, heißt das noch lange nicht, dass sie nicht mehr gebraucht werden. Schon Morgen fehlt mir womöglich gerade dieser Schraubenzieher. Auch die Zange ist doch nur ein wenig verrostet und so schwer geht sie nun auch wieder nicht auf. Bei dem Hammer ist der Stiel ebenfalls nur geringfügig gebrochen.

Dank Hilfe meines Nutzfahrzeugverkäufers werden fehlende Werkzeugteile, mit freundlicher Unterstützung des Werkstattleiters aus Rheine, ergänzt. Auch mistet der Verkäufer meines Vertrauens seinen Keller aus und so kommen ich zu dem Spannungswandler von 12 auf 220 Volt, einem 12-Volt-Becherkühler, einem Warndreieck und anderer nützlicher Utensilien. Zehn Liter Motorenöl werden zusätzlich vom Werkstattleiter zur Verfügung gestellt. Einen Luftkompressor bekomme ich von einem alten Bekannten aus der Reifenindustrie.

Der Abfahrtstermin rückt in greifbare Nähe. Pünktlich ein Tag vorher erwischt mich eine Erkältung. Schnupfen, Husten und Heiserkeit ist genau das, was jetzt nicht gebraucht wird. Die Kopfschmerzen sind ja noch erträglich. Das Ansteigen der Körpertemperatur auf Lebensbedrohliche 36,9 Grad – zumindest für einen Mann – belastet erheblich.

Aber: Die Wüste ruft

Kilometerstand: 241.165.

Am 30.04. um ein Uhr geht es los. Ausgerüstet mit dem komfortablen Iglu-Zelt, und einer pneumatischen Liegefläche. Der professionellen Kochstation – zur besseren Übersicht mit nur einer Gasflamme. Einundzwanzig kulinarischen Hochgenüssen – verpackt in praktischer Blechverpackung, dem abendlichen Belohnungstrunk eines Herstellers mit Hauptsitz in Atlanta und als Beschützer: der Löwe auf dem Kühlergrill.

Um diese Zeit ist die Außenbeleuchtung noch sehr spärlich. Die Lichtausbeute der alten H4 Birnen hält sich in deutlichen Grenzen. Da es bis zur Autobahn nicht weit ist, entsprechende Streckenkenntnis vorliegt, wird auch dieses kleine Manko gemeistert. An Bottrop, Oberhausen und Köln vorbeigeht es über die Eifel nach Bitburg.

In Bitburg ist die Frühstückspause, bei einem Autohof, eingeplant. Rührei, Speck, Toast mit Marmelade und ausreichend Kaffee. Leider war das nur Wunschdenken. Der im Internet gefundene Rasthof entpuppt sich als Tankstelle und die hat um vier Uhr morgens noch zu.

Weiter zur luxemburgischen Grenze. Eine halbe Stunde später ist diese erreicht. Das Restaurant macht aber auch erst um sechs Uhr auf. Ein Kaffee aus dem Automaten muss halt reichen. Als Ersatz wird auf eine Banane zurückgegriffen. Ich bin ja auf den Weg nach Afrika. Die Affen dort ernähren sich auch von so einem Zeug. Anpassungsfähig war ich schon immer.

Luxemburg ist schnell durchquert. Selbst mein Rennwagen schafft das in unter einer Stunde. Vor der französischen Grenze wird noch einmal günstig Diesel bis zum Anschlag nachgefüllt.

Da gegen zehn Uhr die zweite Pause eingeplant war, wird ein Autobahnrasthof angesteuert. Auch hier gibt es nur einen Automatenkaffee. Warum in Deutschland der Kaffee immer mindestens drei Euro fünfzig kostet, ist schleierhaft. In Frankreich und Luxemburg geht das deutlich günstiger, und trinkbar ist er auch noch. An der Tankstelle gibt es ein frisches Baguette. Dem Hungertod entronnen geht es über Dijon und Lyon weiter nach Montpellier. Die Autobahngebühren sind nicht ohne. Andererseits hatte ich bis jetzt noch keinen Stau. Lediglich um Lyon wurde die Geschwindigkeit etwas gedrosselt.

Nachdem Perpignan erreicht wurde, war die spanische Grenze nicht mehr weit. Mein erstes Etappenziel war Santa Susanna, knapp vierzig Kilometer vor Barcelona.

Kilometerstand: 242.813

Ein Zimmer im vier Sterne Hotel mit Abendessen und Frühstück war vorgebucht. Direkt an der Küste nur wenige Meter vom Strand entfernt. Gute 1.648 Kilometer hatte mich das Fahrzeug ohne Mucken und auch nur dem Ansatz einer Störung hierher gebracht. Das Hotel war bestens ausgestattet und das Abendbuffet vorzüglich bestückt. Es gab alles, was das Herz begehrt. Auch ein reichhaltiges Nachtisch-Büfett war vorhanden. Unglaublich: und das alles für 39 Euro.

Nach einer erholsamen Nacht ging es um halb acht zum Frühstück. Die Abfahrt war für spätestens acht Uhr eingeplant. Bis zum nächsten Ort mit gebuchter Übernachtung waren es immerhin 1000 Kilometer. Die Verzögerung um eine halbe Stunde war der Tatsache geschuldet das die Wege, am aufgebauten Buffet, einfach zu lang waren. Um nur einen Teil der aufgetragenen Speisen zu probieren, war ein Zeitzuschlag unbedingt erforderlich.

Da auf meiner mitgeführten Europakarte nur eine Straße als Durchgangsweg gezeichnet war, konnte Barcelona kein Problem darstellen. Für die Fahrt durch Deutschland, Frankreich und Spanien braucht es, auch in der heutigen Zeit, kein Navigationsgerät. Auf der Mautstraße in die Stadt hinein.

Kurze Zeit später war der Spaß vorbei. Eine rote Ampel stoppte das zügige Vorankommen. Anscheinend hatte ich die falsche Einfallstraße benützt. Ist ja nicht tragisch. Immer geradeaus in Richtung Westen. Das klappte aber nur bis zur ersten Baustelle. Rechts ab in Richtung Innenstadt. Es folgte eine ausgedehnte Stadtrundfahrt. Zwingend nötig war die Anpassung an die Fahrweise der Spanier, auf keinen Fall darf an einer grünen Ampel sofort losgefahren werde. Sicherheitshalber ist den Rotsündern noch etwas Zeit zu gewähren. Im Gegenzug auf keinen Fall bei Rot sofort anhalten. Das findet nur wenig Verständnis und führt womöglich zu kräftigen Auffahrunfällen. Passiert ist glücklicherweise nichts, aber die Spanier haben doch sehr laute Signalhörner.

Nach gefühlten dreihundert Roten und zwei Grünen Ampeln, bei einer Durchschnittsgeschwindigkeit von unter fünfzehn Kilometer pro halbe Stunde, wurde endlich die Autobahn erreicht. Auch ein Hinweisschild nach Tarragona kann endlich ins Blickfeld. Auf eine Kaffeepause wurde dann eben verzichtet.

Bis Valencia ging es recht flott voran. Die Entscheidung, um Maut zu sparen, nicht über Alicante nach Murcia zu fahren, kostete nochmals viel Zeit. Die N344 zu fahren ist landschaftlich sicher eine gute Wahl, aber nur wenn genügend Zeit zur Verfügung steht. Die hatte ich erfolgreich beim Frühstück und in Barcelona liegen gelassen. Um etwas der verloren Zeit wieder aufzufangen, fiel die geplante Mittagspause ebenfalls aus.

Hinter Murcia weiter in Richtung Granada und runter an die Küste nach Málaga. Inzwischen mit angepasster spanischer Geschwindigkeit. Man ist ja lernfähig und will nicht als Hindernis, dem Vorwärtstrieb anderer Verkehrsteilnehmer, im Weg stehen. Die Schilder mit aufgemalter Geschwindigkeitsbegrenzung haben bei den Spaniern wohl nur Empfehlungscharakter und entspricht nur dem Wunschdenken der Verkehrsplaner.

Die tausend Kilometer zogen sich ganz schön hin. Mein Hotel, diesmal nur drei Sterne dafür aber fünfzehn Euro teurer, lag in einem kleinen Badeort kurz hinter Málaga. Da ich seit dem opulenten Frühstück nichts mehr gegessen hatte, spürte ich einen kleinen Hunger und wollte endlich ins Hotel.

Die Abfahrt zum Küstenort Benalmadena kam endlich in Sicht. Am Hang gelegen schlängelte sich die Straße hinunter zur Strandpromenade. Von mcinem Hotel nichts zu sehen. Laut Internet ganz einfach zu finden. Wer weiß, wo es ist, findet es bestimmt auch. Die Strandpromenade einmal hoch und einmal runter. Ganz in der Ecke ein Schild mit dem Namen meines Hotels. Der Wegweisung folgend den Berg wieder hinauf. Dann wieder runter auf die Promenade. Mein Hotel habe ich nicht gesehen. Neuer Versuch. Beim dritten Anlauf hat es endlich geklappt. In einer Seitenstraße versteckt konnte ich endlich auf den Parkplatz fahren. Dieser war natürlich völlig belegt. Im Halteverbot, direkt vor dem Eingang, gab es noch Platz für meinen Mercedes. Wie soll ich als Deutscher auch die spanischen Halteverbotsschilder deuten können? Nach 1.177 Kilometer Fahrt war mir das dann auch völlig egal.

Kilometerstand 243.990

Das Hotel sollte drei Sterne haben. Wenn das der Tatsache entspricht, hatte mein Erstes sechs Sterne. Das Abendessen war überschaubar und brachte mich nicht in die Verlegenheit lange darüber nachzudenken, was ich gerne essen möchte. Getränke konnten am Eingang, gegen sofortige Bezahlung, erworben werden. Kaffee gab es nicht. Im Flur stand aber ein Automat.

Ein Abendspaziergang wurde dennoch gemacht. Allerdings hatte die Straße zum Strand ein Gefälle von mindestens 15 Prozent und es folgten dann noch 72 Treppenstufen. Dafür war der Strand sehr schön. Einen Kaffee habe ich dort aber nicht mehr bekommen. Was ich im Vorfeld nicht bedacht hatte, ich muss auch wieder zurück. Bergauf ist etwas anstrengender. Auf halben Weg erklärte sich ein Kioskverkäufer bereit, mir zwei Dosen Cola zu verkaufen. Glück muss man haben.

Das Frühstück am nächsten Morgen war dem Abendessen ähnlich. Kaffeespezialitäten, aus einem Automaten, gab es aber auch. Der pechschwarze Kaffee konnte mit normaler Milch, immerhin, farblich etwas aufgehellt werden.

Die letzte Teilstrecke nach Tarifa war nur noch ein Warmrollen. Ein kurzer Abstecher nach Gibraltar war zeitlich kein Problem. In La Lines abbiegen und ran an die Grenze. Die Schlange zur Einreise war doch erheblich. Eine Stunde darauf warten, dass die Britten mich reinlassen? Muss nicht sein. Weiter am Strand entlang und ein schöner Blick auf den Felsen. Sieht schon gut aus.

Die Temperaturen stiegen langsam an und zeitgleich versagte mein Frischluftgebläse. Ein leichtes Röcheln war noch zu vernehmen und dann folgte Stille. Sämtliche Hilfsmaßnahmen – leichtes Klopfen, mittleres Klopfen und kräftiges Klopfen – blieben ohne Erfolg. Zusätzlich gab mein Dosenkühler den Geist auf. Strom kam aber an. Macht auch nichts. Niemand hat gesagt, dass es eine Erholungstour werden soll.

Weiter über Algeciras nach Tarifa. Von der Küste war nicht viel zu sehen. Überall Hotels und Apartmenthäuser. Ein großer Teil stand zum Verkauf an. Spricht nicht für ein übermäßiges Interesse, um hier zu wohnen. Nach einem, vorerst letzten Milchkaffee in einem MC – Donald wird Tarifa erreicht. Gleich am Ortseingang befindet sich der südlichste Lidl Europas. Hier können die Getränkevorräte, ohne Pfandkosten, aufgefüllt werden.

Apfelschorle gab es nicht. Auch wurde meine Suche nach Mineralwasser mit Kohlensäure nicht belohnt. Vorher soll ich auch wissen das „Con Gas“ mit Kohlensäure heißt. Für mich bedeutete das: kein Gas. Reichlich von der anderen Sorte eingekauft. Nach einer kleinen Stadtrundfahrt ging es dann auf zum Campingplatz. Dort angekommen, nachdem ich erst einmal die Einfahrt verpasst hatte, waren die meisten Teilnehmer unserer Tour schon anwesend. Ein schattiges Plätzchen war aber noch frei.

Kilometerstand: 244.193

Eine kurze Begrüßung, Vorstellung bei den anderen Teilnehmern und ran an den Zeltaufbau. Ohne größere Probleme und ohne Verletzungen wurde auch das innerhalb kürzester Zeit geschafft. Leider musste ich feststellen, dass mein Reservekanister mit Diesel ausgelaufen war. Der Kofferraum hatte jetzt seinen eigenen Geruch und wurde unter zur Hilfenahme der ersten getragenen T-Shirts trocken gelegt. Der aus Frankreich stammende Kanister hatte wohl seine Lebensdauer erreicht. Dabei war der höchstens, so um die, zwanzig Jahren alt.

Jetzt musste der mitgebrachte 12-Volt-Tauchsieder zeigen, ob er seinen Aufgaben gewachsen war. Ohne Mucken wurde das Wasser in meinem Kaffeebecher erhitzt und so konnte der erste Kaffee mit löslichem Pulver konsumiert werden. Da sich über Geschmack streiten lässt, möchte ich hier keine weitere Aussage zu dieser Erfahrung machen. Vor vierzig Jahren war er trinkbarer gewesen. Lag wohl daran, dass meine Frau den Kaffee gekocht hatte.
Meldung nach Hause das bis jetzt alles gut gegangen ist und ich in Tarifa auf dem Campingplatz stehe. 3.028 Kilometer hatte der Daimler klaglos hinter sich gebracht 71,60 Euro Maut in Frankreich und 52 Euro in Spanien. Die Dieselkosten, mit fast vollem Tank in Tarifa, waren mit 240 Euro unter den kalkulierten. Nach dem Heimatgespräch war auch der nächste Kaffee, nach der Dosierungsvorschrift meiner Frau zubereitet, durchaus trinkbarer.

Nach und nach trafen die restlichen Teilnehmer ein. Einer der Teilnehmerfahrzeuge sieht nicht unbedingt höher gelegt aus. Eher schon das Gegenteil.

Die erste Reparatur für unseren Rallyemechaniker Eiko stand aber schon an. Bei dem Kombi, des Damenteams, war die Benzinleitung undicht und der Spritverbrauch war deutlich über normal. Kurzer Hand wurde ein Stück der Radioantenne als Ersatzleitung zwischen die Schläuche eingesetzt und das Leck war dicht.

Auch der erste Auspufftopf lag schon neben dem Fahrzeug von unserem Reiseleiter Flo. Das hat deutlich zur Klangverbesserung beigetragen. Auch ein Diesel hat Potenzial zum Klang eines Rennwagens. Alles in allem machen die Fahrzeuge einem wirklich guten Eindruck. Nach meiner Meinung dürften die paar Kilometer in Afrika keine großen Reparaturen erwarten lassen.

Lediglich der Jeep zeigte deutliche Abnutzungsspuren und das Blechkleid ist an manchen Stellen doch ein wenig löchrig. Das die Scheibe an der Fahrertür nicht mehr zu schließen war ist sicherlich kein Nachteil. Ein wenig Frischluft, bei den zu erwartenden Temperaturen, kommt bestimmt gut.

Zum Abendessen konnte ich noch auf die Mettbällchen meiner Frau zurückgreifen und brauchte den Kocher nicht in Betrieb zu setzen. Am Abend vor der Abfahrt hatte meine, um mich besorgte Gattin, mir noch eine gut gefüllte Tragetasche bereitgestellt. Bananen, Äpfel, kleine Würstchen und verschiedene Sorten an Süßigkeiten waren enthalten. Die Schokoladen-Umverpackung war leider eine innige Verbindung mit dem Inhalt eingegangen und konnte nur noch entsorgt werden. Die erste Erkenntnis: Wärmeentwicklung führt zur Reduzierung von Kalorien. Lediglich eine Tüte Haribo wurde für spätere Verwendung aufgehoben. Der Inhalt, wenn auch als großer Klumpen, war, sicher noch essbar.

Da nicht gekocht wurde, hatte ich jetzt Freizeit. Pünktlich um neunzehn Uhr klopfte Flo auf seinen Topf. Das Zeichen zur ersten Besprechung. Schon im Vorfeld war deutlich gemacht worden das hier pünktliches Erscheinen gefordert wurde. Mit Road- Book und Marokko – Karte zum Briefing. Kurz und knapp erklärte uns Flo den nächsten Tagesablauf. Nach Verteilung eines weiteren Zettels (Fich), der in dreifacher Ausführung ausgefüllt werden musste - unter anderem waren die Fahrzeugdaten einzutragen - kam die Ansage.

Abfahrt 6.10 Uhr letztes Fahrzeug. Treffen am Ortseingang Tarifa und gemeinsame Fahrt in den Hafen. Laute Geräusche sind beim Zeltabbau und beim Schließen der Türen zu vermeiden. Weiter gab es Hinweise, wie wir uns bei der Einreise zu verhalten haben. Zum Abschluss gab es ein Getränk mit vielen Früchten. Da der Hinweis kam, möglichst nicht mehr wie drei Becher zu konsumieren – sonst würde am nächsten Tag der Kopf etwas schwer sein –, hatte ich die Vermutung das auch Alkohol im Spiel sein könnte. Eiko verteilte die gefüllten Becher. Nach vier Versuchen bekam ich dann endlich nur einen zur Hälfte gefüllten. Der Geschmack war sehr gut und die Früchte frisch. Den Alkohol merkte ich aber auch sofort. Auf eine weitere Probe verzichtete ich zugunsten anderer. Einige waren durchaus in der Lage nach Nachschub zu fragen.

Afrika wir kommen

Morgens um vier Uhr ist die Nacht zu Ende. Zügig wird das Zelt, in aller Stille, abgebaut und noch ein Gang zur Dusche. Der Tauchsieder kommt erneut zum Einsatz. Nach einem kleinen Frühstück, bestehend aus Dosenbrot, Marmelade und Streichkäse, wird das Erwachen der anderen Mitfahrer beobachtet. Meine erste Nacht seit über zwanzig Jahren im Zelt brachte keine körperlichen Schwächen zutage. Die Luftmatratze hatte eine sehr gute Liegequalität und der Schlaf verlief ungestört.

Pünktlich beginnt die Abfahrt. Wirklich leise geht das nicht. Der fehlende Auspuff von Flo bringt doch eine gewisse Geräuschentwicklung. Nach dem Sammeln in der Stadt geht es zum Hafen zur Abfertigung. Die Fährrate, in Höhe von 88 Euro für ein Auto und einer Person, wurde passend bezahlt und irgendwann wurde mit der Verladung begonnen. Stress machten die Einweiser sich nicht. Gelassenheit ist eine der Tugenden, die ich noch lernen muss. Auf dem Schiff zeigte sich sofort das die Fahrt nicht in Europa endet. Die Sitze hatten schon vor Jahren ihre Lebensdauer erreicht und auch sonst war nicht viel los mit dem Dampfer. Flo sammelte die Pässe ein und kümmerte sich um die Beamten. Schon an Bord wurde die erste Kontrolle vorgenommen. Mit einer Einreisenummer versehen bekamen wir die Pässe wieder. Das Stempelkissen hatte die gleiche Qualität wie die Sitze. Per Hand mussten die Zahlen, von den Beamten, nachgemalt werden.

Die Überfahrt verlief sehr ruhig und im Bordshop konnte für 22 Euro noch eine Stange Marlboro erworben werden. Die Aussage unseres Nichtrauchers Eiko, dass die Zigaretten in Marokko billiger sind, stimmte leider nicht. Was kann man auch von einem notorischen Nichtraucher erwarten? Für einen grauslich schmecken Kaffee war auch noch genügend Zeit. Dafür war er aber erstaunlich billig.

In Tanger angekommen reihten wir uns in eine Schlange ein und die Pässe und Fahrzeugscheine wurden eingesammelt. Jetzt hieß es warten. Nach einer ersten Überprüfung der Kennzeichen und einer sehr intensiven Zollkontrolle, immerhin musste der Kofferraumdeckel geöffnet werden, ging es ein paar Meter weiter zur nächsten Kontrolle. Nach gut zwei Stunden stand der Einreise nach Marokko nichts mehr im Wege. Geldwechsel und für einige der Abschluss einer Haftpflichtversicherung für das Fahrzeug. Dann hieß es Abfahrt. Wir treffen uns in Fes. Nächste Ansage neunzehn Uhr.

Raus aus dem Hafen und links raus aus dem Kreisverkehr. Und dann? Da ich als Erster losgefahren bin, konnte ich mich nirgends anhängen. Hinweisschilder suchte ich vergebens. Ich hatte aber auch keine Lesebrille auf. Da als nächste größere Stadt Tetouan angegeben war, und laut Karte eine breite rote Straße, die N2, dorthin eingezeichnet war, immer der breitesten Straße nach.

Ohne Umwege erreichte ich die N2. Glück gehabt. Eins wurde aber sofort klar. Ich befand mich in einer anderen Welt. Rechts und links der viel befahrenen Straße trieben Hirten ihre großen Herden von Schafen und Ziegen. Bis zu acht Tiere auf einmal wurden von ihnen kontrolliert. Die Kleidung der Menschen hatte auch nur noch wenig mit der Europäischen gemein. Landschaftlich in ein frisches Grün gehüllt war ein flottes Vorankommen gesichert.

Als Nächstes fielen die Taxis auf. Ein Mercedes nach dem Anderen. Bei uns schon alle Oldtimer, dort Geschäftsfahrzeuge mit nicht nur fünf Sitzplätzen. Obwohl voll besetzt, konnten die Fahrer noch mindestens eine weitere Person am Straßenrand aufnehmen. Abgelenkt von den neuen Eindrücken verpasste ich die Kreuzung nach Chefchauen und fuhr, nach einer Polizeikontrolle, in die Stadt Tetouan. Auch hier wimmelte es von Mercedes W123. Anscheinend hat Mercedes 95 Prozent der Produktion an 123er nach Marokko verkauft. Nach einer kurzen Stadtbesichtigung und einer weiteren Polizeikontrolle zurück in Richtung Fes. Die Temperaturen waren mit 36 Grad auch nicht höher als in Spanien und durchaus erträglich. Lediglich der Kühlungsgrad meines Trinkwassers ließ zu wünschen übrig. Der Einsatz einer Kühlbox hätte sicherlich geholfen.

Da ich mich an die Geschwindigkeitsvorgaben hielt, war ich inzwischen schon mehrmals von anderem Teilnehmer überholt worden. Auf dem Weg in die blaue Stadt Chefchauen waren weitere Polizeikontrollen angesagt. Von einem Hügel aus war am besten erkennbar, warum die Stadt blaue Stadt heißt. Nach einem Foto ging es weiter in Richtung Fes. Weitere Polizeikontrollen standen an. Es gibt in Marokko anscheinend nur drei Berufe: Taxifahrer, Polizist oder Hirte.

Kurz vor Fes, unmittelbar vor der Shell-Tankstelle, soll laut Road- Book rechts Richtung Oujda/Safi abgebogen werden. Dann immer geradeaus weiter. Kurz nach Querung der Autobahn liegt der Campingplatz rechts der Straße nach Ain Chkeff. Die Tankstelle habe ich sofort gefunden. Ein Teilnehmerfahrzeug, mit zwei jungen Burschen, kam mir entgegen und wir sahen gemeinsam auf den Kartenausschnitt im Road- Book. Auf jeden Fall muss irgendwo noch einmal nach links abgebogen werde. Da die Beiden schon einige Versuche, um den richtigen Weg zu finden, unternommen hatten, fuhr ich hinter ihnen her. Somit blieben mir einige Fehlversuche erspart und der richtige wurde schnell gefunden. Die Wegbeschreibungen im Road-Book zeigten, auch in der Zukunft, einige Schwächen. Mit kleinen zusätzlichen Hinweisen hätte es einfacher sein können. Kann aber auch an mir gelegen haben.

Nicht als Letzter, nach 381 Kilometer Fahrtstrecke, konnte ich mir ein schattiges Plätzchen aussuchen. Der Platz machte einen durchaus ordentlichen Eindruck und auch die Duschen und Toiletten waren in Ordnung. Nach dem Aufbau vom Zelt und dem Aufblasen meiner Luftmatratze war ich nicht gewillt auch noch zu kochen. Während andere Teilnehmer mit aufwendigen Kochaktionen den Tag beendeten, reichte mir eine kleine Dose Wurst völlig aus. Sehr schnell stellte ich fest, dass zumindest bei mir, Essen eine untergeordnete Rolle spielt. Trinken ist weitaus wichtiger. Selbst lauwarmes Wasser führt nicht zu Erkrankungen. Es geht aber nichts über eine gekühlte Cola.

Unter den Teilnehmer ging das Gerücht um, das der Jeep mit Achsschaden, kurz hinter Tanger liegen geblieben ist. Wo genau ist nicht bekannt, da der Fahrer Michael, keine Telefonverbindung zur Rallyeleitung hat. Verschiedene Lösungsmöglichkeiten machten die Runde. Stehen bleiben in Marokko geht nicht. Zollgebühren für so alte Fahrzeuge zwischen fünf und siebentausend Euro. Abschleppen zurück nach Tanger, auf die Fähre und in Spanien verschrotten klang schon machbarer. Allerdings sind Abschleppkosten nicht wirklich günstiger wie in Deutschland.

Allen Vermutungen zum Trotz erreichte aber auch der Jeep sein Tagesziel. Die Bremse an der Hinterachse machte Probleme und auch die Schmierung der Hinterachslager war nicht nach Herstellervorgabe. Das Handbremsseil wurde auf der einen Seite gekappt, um der Wärmeentwicklung entgegen zu wirken. Der nächste Tag wird über Erfolg oder nicht entscheiden.

Pünktlich gab es die Ansage von Flo für den nächsten Tag. Freie Fahrt nach Marrakech. Abfahrt im eigenen Ermessen. Nächste Ansage neunzehn Uhr pünktlich. Das war es auch schon.

Rainer war ebenfalls, mit seinem Vito, alleine unterwegs. Nach kurzer Verständigung beschlossen wir die weitere Reise zusammen vorzunehmen. Ab Fes reihte sich der Vito hinter mir ein. Eine umgekehrte Kombination ergab keinen Sinn. Hinter dem Kastenwagen hätte ich nichts von der vor uns liegenden Strecke sehen können. Durch die erhöhte Sitzfläche in seinem Fahrzeug hatte Rainer aber die Möglichkeit über meinen Schlitten eine freie Sicht nach vorne zu haben. Weitere Vorteile für mich: Der Vito wurde als Schattenspender auf den Campingplätzen benützt und Rainer hatte eine Kühlbox.

Auf nach Marrakech

Zeitig am nächsten Morgen war die Abfahrt. Über Azrou, Beni Mellal und EL Kella des Sraghna nach Marrakech. Eine Stadt aus tausendundeiner Nacht. Dementsprechend war auch die Erwartung. Die Fahrtroute über den Mittleren Atlas, mit seinen vielen Kurven, machte wirklich Spaß. Landschaftlich wurden Erinnerungen an New Mexico und Arizona wach. Bei unserem ersten Stopp an einer Tankstelle wurde für 93 Cent pro Liter getankt. Auch der Kaffee-Creme, für 1 Euro fünfzig, kam zur richtigen Zeit.

Achtzig Kilometer und über zwei Stunden später wurde in einem kleinen Restaurant der nächste Kaffee geordert. Der Preis, von umgerechnet fünfzig Cent, erlaubte uns noch einen Zweiten. Gegenüber wurde in einer Autowerkstatt kräftig gearbeitet. Der erste Einblick in afrikanische Reparaturmaßnahmen gab einen kleinen Aufschluss über die Arbeitsmethoden. Einer arbeitet und fünf geben Ratschläge. Arbeitssicherheit spielt nur eine untergeordnete Rolle. Ein Holzbalken zur Abstützung erfüllt auch den gewünschten Zweck. Die gewonnene Zeitersparnis rechtfertigt anscheinend keine weiteren Sicherungs-Maßnahmen. Die wichtigsten Werkzeuge sind ohnehin ein Vorschlaghammer, Brecheisen und ein Schweißgerät. Der Einsatz von handlicheren Werkzeugen wie Schraubenschlüssel oder Schraubendreher konnte nicht festgestellt werden, obwohl auch am Motor gearbeitet wurde.

So wie manche Fahrzeuge, auf der Straße, aussahen, war ein solches Werkzeug auch nicht notwendig. Hauptsache der Karren läuft irgendwie. Im Vorfeld war uns ja auch gesagt worden, dass die Afrikaner jedes Auto wieder zum laufen bringen.

Weiter nach Marrakech. Am frühen Abend erreichen wir das Stadtgebiet. Eine weitere Polizeisperre, mit schwer bewaffneten Polizisten, lässt uns, ohne Kontrolle, passieren. Anscheinend sehen wir sehr vertrauenswürdig aus. Grauhaarige Männer gehören auch nicht unbedingt in den erweiterten Kreis der Terroristen.

Der zunehmende Verkehr erfordert doch eine deutliche Aufmerksamkeit. Von vorne, hinten, rechts und links kommen die Motorradfahrer auf einen zugeflogen. Fußgänger überqueren, ohne auf den Verkehr zu achten, die Straßenseiten. Dazwischen versuchen, unzählige, Autos sich den Weg zu bahnen. Vorfahrt hat, wer sich am ehesten traut. Dass es Sinn gibt, einen Kreisverkehr nur in einer Richtung zu befahren, ist noch nicht ins Verständnis der Einheimischen Verkehrsteilnehmer vorgedrungen. Vorsichtshalber sollte den entgegenkommenden Autos oder Klein-Lkw ausreichend Platz gewährt werden. Eine Frage stellt sich ständig: Bremst der womöglich? Nach meiner Feststellung eher nicht. Zu zögerlich darf auch vorgegangen werden. Rauf auf die Hupe und durch, wird schon klappen. Das Marrakech fast eine Million Einwohner hat war schon bekannt. Dass aber neunzig Prozent davon sich gerade jetzt auf unserer Fahrtroute bewegen müssen, überrascht dann doch.

Nach zwanzig spannenden Minuten wird die Ausfallstraße nach Casablanca erreicht und vierspurig geht es in Richtung Campingplatz. Nach einer weiteren Polizeikontrolle ist der Abzweig erreicht und über eine Sandstrecke wird unser Lagerplatz, nach 528 Kilometern, für die nächsten zwei Nächte erreicht. Da wir die Geschwindigkeitsbeschränkungen erkannt und eingehalten haben, sind wir so ziemlich als Letzte angekommen. Schattenplätze sind Mangelware und somit waren schon alle belegt. Dank des Vitos hatte ich ja einen Schattengeber. Hinter einem kleinen Busch, der gegen die Morgensonne Schatten warf, wurde das Schattomobil für die Abendsonne ausgerichtet. Lediglich die kommende Mittagssonne am nächsten Tag, so ab 9 bis 17 Uhr konnte nicht vorsorglich gebändigt werden. Der Campingplatz verfügte über einige Annehmlichkeiten. Es gab eine kleine Lokalität, die auch Frühstück und Essen servierte. Noch wichtiger aber: Milchkaffee und kühle Getränke. Zusätzlich gab es einen, von Palmen umsäumten, Pool mit reichlichen Liegemöglichkeiten.

Für Unterhaltung war auch gesorgt. Einige Hähne umsorgten liebevoll ihre Hühner. Mit ständigem Krähen wurden die weiblichen Artgenossen an den Zelten entlang in Bewegung gehalten. Wie sich am nächsten Morgen herausstellte, begann der lautstarke Einsatz schon vor dem Morgengrauen. Am nächsten Vormittag verzog sich Reinhard mit seiner Frau auf einen Hühner freien Platz, um die kommende Nacht nicht so früh zu beenden. So konnte sich das Federvieh auch mehr auf mein Zelt konzentrieren. Um etwas Ruhe zu bekommen, legte ich eine Futterspur in Richtung des Zeltes von Reinhard. Half aber nichts. Altes Brot mochten die halt nicht. Ihren angestammten Platz zu verlassen kam nicht infrage. Als Gegenleistung, für den Krach, ein frisch gelegtes Ei. Meine Suche blieb erfolglos.

Das Abendessen war schnell erledigt, da ich auf das Kochen verzichtete. Ein Glas lauwarmer Würstchen reichte zur Nahrungsaufnahme aus. Rainer kochte Kaffee. So richtig mit heißem Wasser und Pulverkaffee. Die von ihm verwendete Maschine war recht simpel konstruiert. Ein Plastikgefäß. Ein paar Löffel Kaffee rein und mit heißem Wasser gefüllt. Ziehen lassen. Zum Abschluss mit einem maßgerechten Filter draufdrücken. Der Filter geht bis zum Boden und hält das Pulver zurück. Das Ergebnis schmeckt doch deutlich besser wie mein lösliches Zeug. Es ist immer wieder erstaunlich, welche

Geistesblitze Ingenieure umsetzen können. Anscheinend verbringen die ihre Studienzeit doch nicht nur in der Mensa.

Wieder auf die Minute pünktlich gab es die nächste Ansage. Da der nächste Tag frei, oder für Reparaturen der Fahrzeuge vorgesehen, war, wurden schon die Vorgaben zur Weiterfahrt am übernächsten Tag ausgegeben. Im weiteren Verlauf wurden auch einzelne Erlebnisse der Teilnehmer besprochen. Der Jeep war nach wie vor am Rollen. Die Hitzeentwicklung hatte spürbar abgenommen und sollte weiter beobachtet werden. Interessantester Punkt war aber, wer bei wie vielen Radarkontrollen auffällig war. Eine ganze Reihe hatte sich ein Ticket eingefangen. Je nach Geschwindigkeit gibt es Ehrenurkunden zu 300, 500 und 700 Dirham. Die für 700 soll am besten aussehen und ein gern gesehenes Souvenir sein. Auf ein solches kann ich verzichten. 70 Euro? Ich denke die können sinnvoller eingesetzt werden. Und sei es nur für gekühlte Getränke im Laufe der nächsten Tage.

Eiko war Spitzenreiter. Viermal hat er mit den Kontrollbehörden diskutiert. Die deutschen Werbegeschenke für die Staatsgewalt, in Form von Radarpistolen, leisten halt gute Arbeit. Er hatte wohl Glück und brauchte nur einmal bezahlen. Kein Wunder, das Eiko so oft gefilmt wurde. Als Mechaniker fuhr er als Letzter los. Teilweise zwei Stunden nach offiziellem Start. Nach eigener Aussage möchte er aber gerne als Erster am Ziel sein. Das funktioniert natürlich nur mit leicht erhöhter Geschwindigkeit. Was mich an dieser Aussage störte, war halt das, bei freier Fahrt, der Notfallmechaniker nicht als Letzter fuhr. Bei der Vorbesprechung hatte ich das etwas anders verstanden und sah dadurch auch kein Problem allein durch die Gegend zu gondeln. Sollte etwas sein, macht ja nichts. Der Notfallwagen ist ja hinter mir. Was soll es: Im Falle eines Falles habe ich seine Telefonnummer und er kommt hoffentlich zurück. Andererseits war auch ein gewisses technisches Verständnis von den Teilnehmern erwartet worden und eine Grundvoraussetzung. Werkzeug sollte ebenfalls mitgeführt werden. Kleinigkeiten müssen halt selbst erledigt werden. Noch lag ja nichts an.

Nach einem ausgiebigen Frühstück wurde „mein“ Schattomobil als Schattenspender für die kleine Umarbeitung des Fahrzeuges der Berliner Jungs gebraucht. Zwar hatten sie auch neue Federn verbaut, aber höher gekommen ist die Schüssel nicht, eher im Gegenteil. Für die Weiterfahrt auf der Piste und im Sand war das aber eine Notwendigkeit. In Fes hatten die beiden sich

Holzscheiben fertigen lassen und mit Hilfe und unter Anleitung von Eiko wurden alle vier Federn demontiert. Eine durchaus schweißtreibende Arbeit, die sich bis zum späten Machmittag hinziehen sollte. Zurückgelehnt, in meinem Campingstuhl, konnte ich völlig entspannt den Fortschritt der Arbeit beobachten. Es gab genügend Andere, die durch mehr oder weniger fachkundige Kommentare ihren Beitrag leisteten.

Nach dem Einbau eines Unterlegholzes wurde festgestellt, dass eine Feder nicht in der vorgesehenen Form ihren Platz eingenommen hatte. Den erneuten Einsatz, des Federspanners, galt es zu vermeiden. Es wurde entschieden das Ding, mithilfe eines Abschleppseiles und zur weiteren Verlängerung mit einem acht Meter langen Spanngurt, einfach raus zuziehen. Afrikanisch halt. Alle Mann in Deckung und mit einem kräftigen Ruck war der Ausbau erledigt. Sogar das Auto blieb ohne Beschädigung. Profis halt. Ob wirklich eine genaue Berechnung des zu erwartenden Austrittswinkels stattgefunden hat? Das entzieht sich meiner Kenntnis.

Da die Arbeit als aktiver Zuschauer sehr anstrengend ist, gingen Rainer und ich erstmal einen Kaffee trinken. Die Abfahrt, mit den vorbestellten Taxis zum Markt in Marrakech, war für 15 Uhr geplant. Reichlich Zeit. In aller Ruhe wurde im Schatten der Kaffee genossen.

Während die Jungs noch kräftig an ihrem Fahrzeug schrauben, bestieg der Großteil unserer Gruppe die Taxis. Locker eine halbe Stunde dauerte die Fahrt. Leider war unser Taxi kein W123. Man kann halt nicht alles haben. Neunzig Dirham kostete die Fahrt zum Markt. Das Ganze durch vier geteilt war ein Schnäppchen.

Djemaa el Fna, der zentrale Markplatz, heißt übersetzt: Versammlung der Toten. Die Sultane ließen an dieser Hinrichtungsstätte die aufgespießten Köpfe zur Schau stellen. Am Markt angekommen gingen Rainer und ich unserer Wege. Die Versammlung der Toten war inzwischen aufgelöst und durch durchaus Lebendige aufgefüllt worden. Der große Platz war zwar zu dieser Zeit noch durchaus überschaubar, aber geschäftstüchtig waren die vorhandenen Händler schon. So sollte ein Foto eines Schlangenbeschwörers einhundert Dirham kosten. Nur weil der mit seiner Flöte - und wen die Cobra nicht wollte - mithilfe eines Stocks, eine Schlange in die senkrechte Position brachte. Ich machte das Foto und hielt ein Dirham für angemessen. Der Diskussion wurde durch zügiges Weitergehen ein Ende gesetzt.

Die Souks befinden sich in abgehenden Gässchen des Markplatzes. Handwerker fertigen hier ihre Kerzenständer, Laternen, Teekannen, Teller, Vasen und Eimer aus alten Autoreifen an. Männer sitzen an Nähmaschinen und verarbeiten Wolle. Überall wird Pfefferminztee getrunken und der fremdartige Duft von Gewürzen und Eingelegten der Lebensmittelhändler steigt in die Nase. In einem kleinen Kaffee beobachten wir eine Weile das geschäftige Treiben. Für die zu Hause geblieben Damen wurden, von den Lederwaren und dem Schmuck, einige Fotos gefertigt. Einen kleinen Einblick in die Handwerkskunst sollte schon vermittelt werden.

Es ist recht einfach sich, in dem Labyrinth der Gassen, zu verlaufen. Einige unserer Abkürzungen endeten in einer Sackgasse. Zumindest in den Souks kommt ein Gefühl von tausendundeiner Nacht auf. So könnte es auch vor hundert und mehr Jahren gewesen sein.

Ein Bursche wollte uns unbedingt in eine Gerberei führen. Interessiert folgten wir ihm eine Weile. Da wir aber keine Teppiche kaufen wollten, drehten wir irgendwann ab. Schwer enttäuscht versuchte uns der gute Mann davon zu überzeugen, dass es nicht mehr weit sei. Da die Gegend nicht mehr sehr bevölkert war, blieben wir bei unserem Vorhaben lieber zurückzugehen.

Nach einem erfrischenden Drink aus einer roten Dose gingen wir über den Markplatz in Richtung Taxistände. Inzwischen wurde an Dutzenden von Garküchen gewerkelt. Irgendwie was das aber nicht unsere Welt. Ein frisch gepresster Orangensaft genügte vollkommen. Obwohl erst bei einbrechender Dunkelheit der Charme des Platzes zur vollen Geltung kommen soll, entschlossen wir uns den Rückweg anzutreten.

Der Preis für die Rückfahrt musste ausgehandelt werde. Da wir für den Hinweg neunzig Dirham bezahlt hatten, waren wir nicht gewillt mehr zu bezahlen. Das erste Angebot lautete einhundertfünfzig. Mein Gegenangebot sechzig. Auch einhundertzwanzig und einhundertzehn waren zu viel. Die Verhandlungen mit dem Fahrer wurden abgebrochen.

Ein, in kurzer Entfernung stehender, Driver kam zu uns und begann mit neuerlichen Verhandlungen. Wir einigten uns auf siebzig Dirham und er führte uns zu seinem Fahrzeug. Wieder kein W123. Ein Dacia mit über vierhunderttausend Kilometer auf dem Tacho. Die Dinger scheinen doch durchaus brauchbar zu sein. Kaum eingestiegen versuchte der Fahrer, den Preis auf achtzig zu erhöhen. Wir blieben standhaft und er brachte uns sicher ans Ziel. Zur Belohnung bezahlte ich dann doch achtzig und der Driver war sichtlich erfreut.

Wir gingen ins Restaurant. Rainer beschloss sich eine, warme, Mahlzeit zu gönnen. Ein halbes Hähnchen mit Pommes. Die Hühner auf unserem Platz hatten eine normale Größe nach DIN. Das Teil auf dem Teller von Rainer gehörte aber eher in den Bereich Zwerghuhn. Eine Gewichtszunahme war bei diesem Mahl nicht zu befürchten. Geschmacklich aber durchaus zu empfehlen. Bei Temperaturen von deutlich über dreißig Grad hielt sich mein Hunger in Grenzen und wurde durch eine stramme Haltung ersetzt.

Über den Hohen Atlas nach Tinerhir

In aller Frühe baute ich mein Zelt ab. Beim Aufbau gab es schon Probleme die Heringe in den Boden zu bekommen. Der anhaltenden Trockenheit musste Rechnung getragen werden. Mit kräftigen Hammerschlägen waren die Befestigungsteile in den Boden getrieben worden. Jetzt mussten die Dinger aber wieder raus. Einfaches Ziehen brachte nicht den gewünschten Erfolg. Mithilfe eines quer genommenen Schraubendrehers wurde die Zugkraft erhöht. Nur der Schrauberzieher rutscht ab und der linke Zeigefinger bleibt am Hering hängen. Jetzt verstand ich auch den Hinweis meiner Frau. Fass bloß keine Tiere an. Ob sie aber diese Heringe gemeint hatte?

Natürlich kennt ein Mann keinen Schmerz. Morgens um sechs bringen Klagelaute ohnehin nicht viel, zumal wenn alle anderen noch schlafen. Mit zusammengebissenen Zähnen wurde die Wunde betrachtet. Der Finger hing noch gerade so dran. Der Blutverlust schwächte mich sofort. Mindestens 0,2 ml waren schon ausgetreten. Mit einer Rolle Toilettenpapier wurde das weitere Auslaufen verhindert. Bedingt durch mangelnde Ortskenntnis, keine Ahnung, wo die nächste Rettungsstation war, musste ein Pflaster aus dem Verbandskasten genügen. Wie sich herausstellte, reichte das durchaus. Hier zeigt sich wieder: Selbst ist der Mann.

Zeitig fuhren Rainer und ich los. Der morgendliche Berufsverkehr in Marrakech war spannend. Nach der üblichen Polizeikontrolle ging es hinein ins Getümmel. Jetzt waren alle Einwohner unterwegs. Nach dem Road- Book, war es recht einfach, den Weg zu finden. Am ersten Kreisverkehr abbiegen nach Ouarzazate. Das Abbiegen gestaltete sich dann etwas schwierig, da eine Baustelle nur die entgegengesetzte Richtung zuließ. Es wird nach Gefühl und Himmelsrichtung weiter gefahren. Unter Einsatz der beiden Signalhörner und mutigem Eingreifen in das Verkehrsgeschehen erreichen wir eine Ausfallstraße. Laut Landkarte nicht die Richtige aber zumindest die Himmelsrichtung stimmt. Kurze Zeit später steht an einem Kilometerstein eine Entfernungsangabe nach Ouarzazate. Wir sind also auf dem rechten Weg und der Hohe Atlas ist auch in Sicht.

Der erste Anstieg beginnt und wachsende Fahrfreude kommt auf. Eine kurvenreiche Strecke liegt vor uns. Vollgas! Leider ist Vollgas bei meinem Gefährt eher Halbgas im Vergleich zu einem VW-Käfer. Selbst mein Brezelkäfer hat mehr Power. Mercedes baut Motoren, die angeblich eine Million Kilometer halten. Das mag stimmen. Bis so ein Motor aber zu Potte kommt, hat ein Containerfrachter schon den halben Atlantik überquert. Ein flottes Durchfahren der Strecke wird so zu einem müden Kriechen. Vor den Kurven braucht noch nicht mal gebremst werden. Die erlaubte Höchstgeschwindigkeit wird so gut wie nie erreicht. Dafür entschädigt aber die Landschaft. Der Blick auf schneebedeckte Berge und tiefe Schluchten ist einfach Klasse. Hier eine Beschreibung einzufügen ist nicht möglich. Das muss Live erlebt werden.

Es gibt aber noch langsamere Fortbewegungsmittel auf der Straße. LKW, die womöglich leicht überladen sind, kriechen wie Schnecken die Berge hinauf. Im Windschatten angesaugt und mit vollem Einsatz werden die notwendigen Überholmanöver durchgeführt. In Deutschland würde so etwas unter Elefantenrennen laufen. Rainer hat es etwas leichter mit seinem deutlich durchzugsstärkeren Motor.

Kurz vor der höchsten Stelle beginnt eine riesige Baustelle. Unwetter haben der Straße nicht besonders gut getan und müssen jetzt in einen einigermaßen fahrbaren Zustand versetzt werden. Die freundlichen Bauarbeiter zeigen mit der waagerechten Hand eine schlechte Wegstrecke an. Habe ich aber vorher schon zur Kenntnis genommen. Am Abend erfahre ich das es in Marokko das Zeichen für: du bist zu schnell, ist. Kann eigentlich gar nicht sein. Wahrscheinlich galt Zeichen auch eher für Rainer mit seinem schnellen Vito. Ein bisschen neidisch war ich schon auf seinen Motor.

Wo es bergauf geht, geht es auch bergab. Auch hier gab es sehr schöne Kurven. Leider verhinderte die etwas bescheidene Bremsverzögerung eine dynamische Fortbewegung. Auch wenn Florian meint, VW von Bastlern für Bastler, ein Käfer verzögert schon mal eher auf die erforderliche Kurvengeschwindigkeit.

Am Ortseingang, von Ouarzazate, wird einem Hollywood in Erinnerung gebracht. Hier ist die Hauptstadt des Films in Marokko. Neben zahlreichen Bibelverfilmungen wurde auch Asterix und Obelix: Mission Kleopatra, hier gedreht. An der nächsten Tankstelle wird Diesel aufgefüllt und eine kurze Pause eingeschoben. Auch andere Teilnehmer sind schon da und nehmen eine kleine Zwischenmahlzeit ein. Nach zweihundert Kilometer Fahrtstrecke und der Überquerung des Atlas brauchen einige Leute eben eine Stärkung. Hunger haben Rainer und ich nicht. Das Thermometer zeigt über fünfunddreißig Grad an. Es reicht, den Flüssigkeitsspiegel, im Körper aufzufüllen.

Weiter geht's zur Dadeschlucht. Ein kleiner Abstecher. Circa 60 Kilometer zusätzliche Wegstrecke. Das Bild im Road- Book verspricht eine tolle Strecke. Kurz vor Boumaine Dades nach links, so laut Karte, in die Schlucht abbiegen. Bis dahin führt der Weg entlang der Straße der Kashbas. Diese alte Handelsroute ist gesäumt von historischen Berberfestungen. Immer wieder mussten Fotostopps eingelegt werden. Sind schon beeindruckend die alten Bauten. Ich könnte stundenlang darin herumkriechen. Leider fehlt die Zeit. Die deutschen Bauämter hätten ihre helle Freunde an der Bausubstanz und würden sofort eine Verfügung zum Abriss erlassen. Wenigstens aber einen Zaun um das Areal. Mögliche Unfallgefahren sind abzusichern. Glücklicherweise schlagen hier die Uhren anders.

In Ermangelung einer Lesebrille sind wir erst einmal geradeaus durch den Ort gefahren. Umdrehen war angesagt und ab in die Schlucht. Einhundertachtzig Grad Kehren und eine ansprechende Steigung mit einem wahnsinnigen Blick machten den Abstecher zum Erlebnis. Leider versagte wieder der gewünschte agile Vortrieb meines Fortbewegungsmittels. Dass die Reifen in den Kurven dann doch einige Laute von sich gaben, war erstaunlich und nicht erwartet. Oben angekommen war ein, in den Felsen eingebettetes, Hotel mit Aussichtsplattform. Von dort konnte fast die gesamte Streckenführung der Serpentinen überblickt werden. Ein Heißgetränk sowie eine Toilette gab es auch.

Einigermaßen gestärkt geht es auf die erfreulich sportlichere Rückfahrt zum Abbiegepunkt. Bis Tinerhir sind es gerade noch fünfzig Kilometer. Vorbei an der obligatorischen Einlasskontrolle und schon ist der Campingplatz, nach 482 Tageskilometern, erreicht. Auch hier ist der Sandboden anscheinend mit Beton verstärkt worden. Bei der Vorbesprechung ist kein Wort davon gesagt worden, dass eine Schlagbohrmaschine ein sehr nützliches Extra wäre. Meine Sandheringe geben beim ersten leichten Anklopfen mit dem Hammer sofort auf. So kommen wieder die Schraubendreher zum Einsatz.

Flo gibt Order sich für die nächsten zwei Tage mit ausreichend Wasser einzudecken. Achtzehn Liter pro Person soll jeder bei sich führen. Rainer und ich machen uns auf den Weg. Da wir für Flo auch Wasser mitbringen sollen, brauchen wir 36 Flaschen a 1,5 Liter. Die erste Verkaufsstelle wird erreicht und wir tragen unsere Wünsche vor. Leider sind wir nicht die Ersten, die sich mit Wasser eindecken. Lediglich im Kühlschrank befinden sich noch die kläglichen Reste.

Soviel Wasser haben, die bestimmt in den letzten Wochen zusammen nicht verkauft. Egal, der Kühlschrank wird ausgeräumt und jede vorhandene Flasche gekauft. Damit war der Laden trocken. Wir hatten aber genügend, auch für Flo. Natürlich waren wir bereit, im Falle eines Falles, mit anderen zu teilen. Es gab ja außer Wasser auch noch andere Getränke. Eine leicht erhitzte Cola, kurz vor dem Siedepunkt, löscht zwar keinen Durst aber hilft beim Flüssigkeitsaufbau.

Es geht auf die Piste

Für den nächsten Tag sind nur 260 Kilometer angesagt. Von Tinerhir nach Erfoud und dann auf die Piste. Bis Tinerhir galt es nur, den Abzweig in Tinejdad zu erwischen. Laut Road- Book war der Treffpunkt, für die Weiterfahrt zur Piste, am Ortseingang von Erfoud. Flo änderte den Treffpunkt und gab uns die Koordinaten des neuen Treffpunktes. Dieser lag außerhalb der Stadt in Richtung Erg Chebbi. Schwierig für Rainer und mich. GPS hatten wir nicht dabei. Auch ein Navigationsgerät führten wir nicht mit. Keine große Sache laut Flo. Einfach an andere anschließen die über solche hochkomplizierten Gerätschaften verfügen. Machen wir. Leider funktioniert so etwas nur, wenn ein Treffpunkt ausgemacht wird. Das wurde unterlassen und so fuhren wir erst mal nach Erfoud. Der Rest wird sich finden. Notfalls startet Flo eine Suchaktion nach uns, zumal sich Michael mit seinem Jeep uns anschloss. Drei verlorene Fahrzeuge würden sich nicht gut in seiner Biographie machen.
Nachdem wir Erfoud erreicht haben, war ein Wegweiser in Richtung unsers nächsten Übernachtungsparkplatzes zu sehen. Da unser Treffpunkt aber an der R702 war, und nicht an der N13, konnte das nicht die richtige Straße sein. An der nächsten Tankstelle wurde eine kleine Pause eingelegt. Zeit bis zur allgemeinen Versammlung hatten wir noch reichlich. Kurze Zeit später kamen die Berliner mit ihrem, inzwischen Höheren, W210er an. Die Jungs waren, als IT-Profis, mit den nötigen Gerätschaften ausgerüstet und würden uns sicher zum Treffpunkt führen. Entspannt sahen wir der Eroberung der Piste entgegen und waren pünktlich zur Stelle.

Leider hatten die Berliner wieder Probleme mit ihrer Feder an der Vorderachse. Wie in Marrakech wurde ein Spanngurt, zum Ausbau derselben, eingesetzt. Die Berechnung des Austrittwinkels litt unter dem Zeitdruck. Der vordere Kotflügel stellte sich etwas in den Weg und bekam eine zusätzliche

Belüftungsöffnung. Aber die Feder war draußen. Innerhalb von zwanzig Minuten war der Wagen wieder fahrbereit. Stramme Leistung! Nur warum hat das beim ersten Versuch so lange gedauert?

Im Konvoi ging es auf die Piste. Schlechte Wegstrecke mit kleineren Felsbrocken als Hindernisse. Machte aber schon richtig Spaß. Rainer und ich waren nun auch nicht mehr die Langsamsten. Jetzt war Abstand zum Vordermann einzuhalten und auf Weichsandfelder zu achten. Nach dem Durchfahren eines ausgetrockneten Baches, der vorher erst durch Einsatz einiger Schaufeleinlagen bezwungen werden konnte, war ein Steilhang zu bezwingen.

Fahrerisch durchaus anspruchsvoll über Geröll und Felskanten auf den Gipfel. Einer, nach dem Anderem meisterte, den Versuch ohne die Vorderachse zu verlieren. Als ziemlich letztes Fahrzeug versuchte sich der MB 100. Der Bus mühte sich mit seinem Vorradantrieb redlich. Vor der letzten Felskante war aber Schluss. Nun durfte der gescholtene Jeep zeigen, was sein Allrad konnte. Gurt an die Anhängerkupplung und die Bergung wurde eingeleitet. Mit durchdrehenden Rädern wurde der MB 100 in die richtige Spur gezogen. Der extreme Reifenverschleiß, an der Vorderachse des MB 100, konnte mit bloßem Auge erkannt werden. Sie platzten aber nicht.

Als Letzter kam Eiko den Berg heraufgeschossen. An der Felskante war ersichtlich, dass hinten links der Reifen sich, ohne den erforderlichen Luftvorrat, abmühte. Angeblich schon seit dem Schwung holen. Wie dem auch sei. Damit hat Eiko schon den zweiten Reifen geschlachtet.

Weiter ging es über die Piste. Circa zwei Kilometer vor Erreichen des Erg Chebbi war aber Schluss. Das Erdbeer-Team hatte aufgesetzt. Das als Unterfahrschutz montierte Kuchenblech hatte der Belastung nicht standgehalten und sich in den Kühler gedrückt. Stand in der Ausschreibung nicht etwas von einem stabilen Unterfahrschutz? Auf jeden Fall wurde jetzt soviel Wasser freigesetzt, das eine Weiterfahrt für dieses Fahrzeug nicht möglich war.

Flo und Eiko beratschlagten den weiteren Ablauf. Schleppen durch den Erg Chebbi schied aus. Umkehren war angesagt. Wieder kam der Jeep zum Einsatz. Michael schleppte den Havaristen bis zur Straße zurück. Der Rückweg war einfacher zu finden. Etliche, völlig überflüssige, Plastikteile zeigten auch Orts- Unkundigen die richtige Richtung. Kurze Zeit später der nächste technische Stopp. Ein gebrochener Querlenker beendete die Fahrt von Christian und Ralf. Hier half auch Abschleppen nicht mehr. Glücklicherweise hatte das Team OLie bei ihrem W210er die Querlenker zu Hause durch neue ersetzt. Obwohl zusätzliches Gewicht vermieden werden sollte, hatten die beiden die alten mitgenommen. Eiko machte sich, bei 43 Grad, an den Austausch des defekten Teiles. Der MB 100 wurde als Schattenspender eingesetzt und der Rest der Truppe kämpfte sich weiter in Richtung Straße.

Der nächste Querlenker kündigte seine Freundschaft bei den Berlinern auf. War nicht so tragisch. Bei Christian und Ralf der Rechte und nun der Linke. In Ermangelung an Mechanikern und zusätzlich untergehender Sonne musste die Fahrt fortgesetzt werden. Der gebrochene Querlenker schliff nun solange an der Alufelge, bis diese durch war. Der Reifen gab einen letzten Stoßseufzer von sich und ein notwendiger Radwechsel, kurz vor der Straße, war angesagt.

An der Straße angekommen wurde der Abschleppwagen gewechselt. Michael hatte den Tee, nach der Pistenschleppaktion, auf. Reinhard sprang ein und hängte sich den Havaristen an. Die Berliner mussten ihren Wagen an der Straße stehen lassen. Die letzten fünfzig Kilometer bis, zum Campingplatz, in Merzouga schafft die Krücke nicht mehr. Ausräumen und alles bei Rainer in den Vito. Ein Gestrandeter fuhr bei Flo, der andere bei Rainer, mit.

Reinhard, mit dem Anhängsel im Schlepp, macht Feuer. Es gehört nicht unbedingt zu seinen Tugenden, eine gemächliche Fahrweise an den Tag zu legen. Die Dunkelheit setzt ein und er möchte nicht in tiefster Nacht in Merzouga ankommen. Mit bis 100 km/h fliegt er über die Schotterstraße. Ein kleiner Nachteil ergibt sich aber für die Gezogenen. Durch aufwirbelnde Steine wird dafür gesorgt, dass sie nicht einschlafen. Nebenbei werden allerdings auch die Glaseinrichtungen wie Windschutzscheibe und Scheinwerfer attackiert. Das Verbundglas der Windschutzscheibe gibt sich mit diversen Splitterungen zufrieden. Die Scheinwerfergläser geben auf. Da der Kühler ohnehin undicht ist, machen ein paar Löcher mehr oder weniger auch nichts mehr aus.

Nach Eintreffen der letzten Mitfahrer wird die Planung für den nächsten geändert. Ein neuer Kühler soll zwar um acht Uhr am nächsten Morgen vorhanden sein, und der zurückgelassene muss an Ort und Stelle repariert werden. Wenn er dann noch vorhanden ist. Nächste Ansage am Folgetag um zwölf.

Die entstandenen Schäden sind nicht unerheblich. Zwei Querlenker, ein Kühler, drei Reifen, ein Wasserschlauch am Vito von Rainer und irgendwas an der Hinterachse bei einem Fahrzeug. Jetzt zeigt sich das die Vorgaben, für die Fahrzeug-Vorbereitung des Veranstalters, Sinn machen. Beim W210 sollten neue Querlenker einbaut werden. Zwei Schäden mit erheblichen Auswirkungen wären dann wohl nicht entstanden. Ein stabiler Unterfahrschutz, mit mindestens vier Millimeter Stahlblech, hätte den Kühler ausreichend geschützt. Übrig geblieben: drei Reifen, ein Wasserschlauch und ein kleines Problem an der Hinterachse. Ersatzräder hat jeder mindestens zwei dabei und einen Kühlerschlauch neu zu befestigen ist auch kein Akt. Wer nicht hören will, muss fühlen und der Rest der Gruppe leidet am fehlenden Abenteuer.
Der Kühler ist auch am nächsten Tag um 12 noch nicht da. Neue Ankunftszeit ist 14 Uhr. Der Gestrandete befindet sich noch im Wiederbelebungsmodus durch Einheimische Spezialisten. Immerhin war er noch am abgestellten Ort. Neue Zeit zur Ansage 16 Uhr.

Der Kühler ist da und passt nicht wirklich. Aber wir sind ja in Afrika. Die Werkstattjungs bekommen das schon hin. Abfahrt in die Dünenfelder und Übernachtung irgendwo im Sand. Nicht alle Fahrzeuge können an der Teilstrecke teilnehmen. Die verbleibenden Teams bleiben noch eine Nacht auf dem Campingplatz und treten am nächsten Morgen die Reise nach Zagora Oase an. Dort ist ein Ruhetag eingeplant und sämtliche noch vorhandenen Schäden an den Fahrzeugen können dort durch die örtlichen Rallyemechaniker behoben werden.

Wir fahren los. Nach einer kurzen Strecke auf der Schotterstraße geht es über die Piste Richtung Sanddünen. Teilweise mit über sechzig staubt es schon ganz schön. Vor Erreichen der Weichsandfelder nochmals ein kurzer Hinweis von Flo wie gefahren werden soll. Wichtig: Abstand zum Vordermann einhalten. Ab durch den Sand. Spaßfaktor hundert Prozent.

Bei einem weiteren Stopp fällt auf: Eiko fehlt. Er hat sich im Sand festgefahren. Alle Mann, ohne Motorenunterstützung und mit Schaufeln bewaffnet, zurück. Lockere fünf Kilometer, bestimmt aber tausend Meter, bei 43 Grad Wärme zu laufen fordert schon Kondition. Grinsend sitzt Eiko in seinem Auto. Nach kräftigem Schieben braust er davon und wir dürfen uns auf den beschwerlichen Rückweg machen. Angeblich hat der Jeep kurz im Weichsand angehalten. Da Eiko, als erfahrener Pistenfahrer, zu wenig Abstand gehalten hat, blieb er halt stecken. Ich glaube das war die Revanche für seine schweißtreibende Arbeit vom Vortag. Wir sollten halt auch mal in Schwitzen kommen.

Nach einigen Stunden, und 58 Kilometer, wurden in den Sanddünen die Zelte aufgeschlagen. Es geht auch ohne Duschen und Toiletten und sollte, zumindest für mich, die schönste Übernachtung der Tour werden. Eine Dromedarherde zog an unserem Nachtlager vorbei und nach vollständigem Einbruch der Dunkelheit zeigte sich ein fantastischer Sternenhimmel. Ohne fremde Lichtquellen sieht man doch ein paar Sterne mehr und es gab auch reichlich Sternschnuppen zu beobachten. Die absolute Stille war beeindruckend. Ich störte sie ja noch nicht durch mein Schnarchen.

Rückfragen bei Flo, wann der Sonnenaufgang und die Abfahrtzeit ist. Vier Uhr dreißig Sonnenaufgang. Abfahrt gegen Mittag um neun Uhr.

Pünktlich zum Sonnenaufgang, mit dem Fotoapparat bewaffnet, auf die nächste Düne. Der Sonnenaufgang war erst eine Stunde später. Das lag an der nicht berücksichtigten Ortszeit. Immerhin war zu diesem Zeitpunkt die Morgentoilette erledigt und das Frühstück beendet.

Nach dem wirklich tollen Sonnenaufgang ging es pünktlich weiter durch den Sand. Die wenigen Kilometer bis zur Straße sind schnell erledigt und dann freie Fahrt nach Zagora. Es zog sich dann doch bis dreizehn Uhr hin. Unter andern war noch eine schwierige Durchfahrt durch eine Oase zu meistern. Die Beifahrer wurden in der Oase aufgestellt und zeigten den Fahrern die entsprechende Richtung an. Bevor mit der Durchfahrt begonnen werden konnte, musste unser Eiko seinen dritten Radwechsel vornehmen. Hinter der Oase war noch eine Sanddüne zu erklimmen. Zwei Autos blieben stecken. Einer davon war ich. Es kann ja auch nicht sein das ich nicht mindestens einmal angeschoben worden bin. Das würde mir zu Hause ja doch keiner glauben.

Nach Erreichen der Teerstraße wurden die, auf ein Bar Luftdruck abgelassenen, Reifen wieder aufgepumpt und der freien Fahrt nach Zagora stand nichts mehr im Wege. Zurück über Erfoud auf die N12. Laut Karte, ohne den Einsatz der Lesebrille führt diese Straße auf die N9. Dort links abbiegen und weiter bis Zagora.

Kurz vor Erreichen der N9 ist ein Kreisverkehr. Rechts aus dem Kreisverkehr raus. Nur sind es jetzt deutlich mehr Kilometer bis Zagora. Im Rückspiegel sehe ich, dass aus dem Kreisverkehr es auch in einer anderen Richtung, mit deutlich weniger Kilometer, nach Zagora geht. Umdrehen und die andere Ausfahrt genommen.

Zum Anfang ist die Straße auch recht gut. Hinter Zaouia Tafeltchna ändert sich das aber und es wird eine Schotterstraße. Die Staubentwicklung ist heftig und es fehlen die versprochenen Palmen auf der linken Seite. Da die Richtung stimmt, fahren wir weiter. Kein Ort, kein Hinweisschild aber auf dem richtigen Weg. Am späten Nachmittag erreichen wir Zagora. 371 Kilometer zeigt der Tageskilometerzähler.
Der Campingplatz liegt gleich auf der rechten Seite und wir werden sofort an einen Stellplatz geführt. Nach einem genaueren Blick auf die Landkarte wird dann festgestellt, dass wir eine Abkürzung genommen habe. Passt doch! Auf unserem Stellplatz werden wir sofort von einem Mechaniker angesprochen. Ob an unseren Fahrzeugen etwas zu reparieren sei? Dem war nicht so. Alles in Ordnung.

Nach dem Zeltaufbau an die Rezeption und ein gekühltes Getränk erworben. Bei 47 Grad ist das ein Hochgenuss und lässt noch den Genuss eines weiteren Getränkes zu.

Am Abend stand dann eine junge Dame am Zelt. Gerrit, ein Mitglied des Vorstandes der AEPN, war nachgereist und wird uns weiter begleiten. Alles Weitere bei der Ansage am nächsten Tag. Bei der heutigen Ansage wurde nur erklärt das die Autos, soweit nötig, in Schuss gebracht werden sollen und es zum Frühstück Baguette gibt. Abzuholen bei Flo am Zelt. Gerrit wurde kurz vorgestellt und am nächsten Abend würde sie uns Einzelheiten zur AEPN geben.

Selbst in der Nacht senkte sich die Temperatur nur auf 39 Grad ab. Die von mir gewünschte morgendliche Kühle finde ich leider nicht vor, aber um sieben Uhr die Baguettes. Von der Besichtigung der Hotelruine sehen Rainer und ich genauso ab wie auf dem Ritt auf einem Dromedar. Der Weg zur Ruine soll erhebliche Mängel haben und seekrank werde ich lieber auf dem Wasser. Ausruhen, eigentlich nicht nötig, ist angesagt. Endlich finde ich auch meinen, seit drei Tagen gesuchten, Lesestoff. Luftfilter reinigen und nach dem Motoröl sehen. Ein relativ langweiliger Tag für mich. Dafür war die Tagestemperatur nur bei 45 Grad.

Bei Einigen sah das schon anders aus. Neben Eiko gibt es noch zwei begnadete Rennfahrer. Die Brüder Christian (schon dreimal Teilnehmer) und Andre lassen auch keine Gelegenheit aus sich, mit Eiko ein Rennen zu liefern. Ist Eiko nicht in der Nähe, werden separate Geschwindigkeitsrekorde angepeilt. So auch auf den Weg nach Zagora. Während Rainer und ich mit maximal 80 die Schotterstrecke bewältigt haben, sind die beiden mit über 140 dort lang gedonnert. Die hintere Feder am Fahrzeug wurde dabei so durchgeschaukelt, dass das Blech zum Kofferraum der Belastung nicht standgehalten hat. Schweißarbeiten in der Werkstatt waren angesagt. Die Mechaniker hatten aber noch andere Arbeiten zu erledigen. Radlager, Hydraulik-Regelung bei einem Kombi und Neumontage eines Auspuffes. Voller Service war angesagt. Die Autos wurden abgeholt, repariert und zurück gebracht. Der Arbeitslohn war sehr günstig, nur bei den Ersatzteilen wurden dann doch Europapreise aufgerufen.

Da ausreichend Zeit war, versuchte ich meine Kochkünste umzusetzen. Die mitgenommene Bratpfanne muss ja schließlich auch eingesetzt werden. Ein Gourmet-Menü wurde zubereitet. Vorgefertigte Bratkartoffeln aus der Tüte wurden nach der abgedruckten Bedienungsanleitung in der Pfanne erhitzt. Gleichzeitig in einem Topf, auf dem Kocher von Rainer, der Inhalt einer Dose Gulasch. Nicht so einfach. Zwei Flammen so einzusetzen das es keine Verbrennungen am Essen gibt. Es ist mir gelungen. Das Ergebnis war durchaus essbar und auch Rainer fand meine Bratkartoffeln nicht übel.

Fort Bou Jerif

Der nächste Tag führte uns zum Campingplatz Fort Bou Jerif. Auf der alten Handelsroute nach Timbuktu geht es über Tata, Bouizakarne und Guelmin zum Ziel. Das Fort ist nur noch eine Ruine und weckt schon im Voraus meine Begeisterung für verfallende Gebäude. Vorher gibt es, zirka 200 Kilometer hinter Zagora, noch eine Sehenswürdigkeit. Flo gibt die entsprechenden Koordinaten bekannt und auch noch einige Hinweise auf eine alte Hütte, die rechts am Wegesrand steht.

Ohne GPS machen wir uns auf den Weg. Wir haben Hoffnung die avisierten Wasserfälle zu finden. In einem kleinen Ort steht Flo an einer Tankstelle und winkt uns zu. Wir halten und er fragt, ob wir hinter ihm herfahren wollen. Das wollen wir. Nach Absprache dass wir mit 100 fahren wollen zieht Flo mit 120 vor uns her. Im Geschwindigkeitsrausch erreichen wir die Abfahrt von der Straße. Das hätten wir nie gefunden. Die dort vorhandenen Kaskaden sind wirklich Klasse. Da von der Straße aus nichts zu sehen ist, ist hier Ortskenntnis unbedingt erforderlich, um sie zu finden. Andere Teilnehmer treffen nach und nach ein. Einige Mutige gehen sogar baden, allen voran Reinhard.

Weiter geht es in Richtung Guelmin. Hinter Taghjicht geht es laut Wegweiser rechts ab. Die N12 führt aber weiter geradeaus. Rainer und ich halten kurz an. Direkt hinter dem Abzweig ist eine Polizeikontrolle. Ein Sheriff pfeift uns ran. Anhand der Karte macht er uns klar das wir dem Wegweiser folgen sollen und auf der R102 weiter nach Bouizakarne. Entweder ist der Wegweiser falsch oder unsere Karte. Durch den Einsatz der Lesebrille wird schnell klar, dass der Wachtmeister recht hat und die Karte doch nicht so schlecht ist. Hier zeigt sich wieder erneut: Wer Lesen kann klar im Vorteil ist.

Vor 990 Kilometer hatten wir den letzten Tankstopp eingelegt. Es wird, für uns langsam mal Zeit ans Nachfüllen unserer Dieselvorräte zu denken. Bouizakarne scheint ein größerer Ort zu sein. Dort angekommen fallen sofort die vielen Taxen auf. Mercedes W123 mal wieder. Bei so vielen Autos muss es eine Möglichkeit geben, um Treibstoff zu fassen. Der Ort wird von Ost nach West und von Nord nach Süd durchquert. Nichts, keine Tanke. Es wird langsam kritisch. Am Ortausgang ist eine Polizeikontrolle. Ich halte an und frage einen der Polizisten. Sehr nett wird mir, versucht Auskunft zu geben. Mit Deutsch, Englisch und Französisch wird ein lebhaftes Gespräch geführt. Die nächste Versorgungsmöglichkeit ist in 26 Kilometern Richtung Tiznit. Das ist für uns aber der falsche Weg. Nachdem er verstanden hat, dass wir nach

Guelmin in die andere Richtung wollen, erklärt er, dass es nur acht Kilometer bis zur benötigten Tränke, für unsere treuen Fortbewegungsmittel, sind. Deutlich lockerer schlagen wir wieder die richtige Richtung ein und haben nach genau acht Kilometern die Tankstelle erreicht. Neben Diesel konnte auch noch ein Kaffee erworben werden, um die letzten Tageskilometer erfolgreich zu bestreiten.

Hinter Guelmin geht es über eine Schotterpiste zum Zeltplatz. Die Gebäude sind wie ein Fort aufgebaut und es gibt auch ein Restaurant. Zur Begrüßung werde ich auf einen fast platten Reifen an meinem Fahrzeug aufmerksam gemacht. Hinten links schwächelt der Luftvorrat. Kompressor angeschlossen und eine weitere Beobachtung wird verinnerlicht. Nach dem Zeltaufbau geht es wenige Hundert Meter weiter zum alten Fort. Sehr beeindruckend die zusammengefallenen Gebäude. Mit Ausblick über die tieferen Landesteile konnten sich die Verteidiger, in früheren Zeiten, rechtzeitig ihre Strategie überlegen. In einem der eingefallenen Räume gingen mir ähnliche Gedanken durch den Kopf. Dass plötzliches Geschrei und Gezeter waren doch erschreckend. Dieser Raum wurde von einer Heerschar von Vögeln benütz und die fühlten sich in ihrer Ruhe gestört. Mit eingezogenem Kopf wurde den Tieffliegern ausgewichen und schnellstens ein ruhiger Ort aufgesucht. Nach Beendigung der Besichtigung zurück zum Zelt zur abendlichen Ansage.

Die Atlantikküste wird erreicht

Über Tan Tan, dem Tor zur Westsahara, nach El Ouatia. Dort wird die Atlantikküste erreicht. Entlang der Steilküste nach Tarfaya in Richtung Laayoune. Vor dem Ortseingang nach Tan Tan stehen zwei riesige Dromedare in einem Kreisverkehr. Der Fotostopp ist ein absolutes Muss. Einmal von rechts und einmal von links sind Aufnahmen, mit dem Hintergrund der Dromedare, vom Fahrzeug zu machen.

Wenige Meter hinter dem Kreisverkehr eine Polizeikontrolle. Dass ich den Kreisverkehr in der falschen Richtung befahren habe, interessiert die nicht. Abgabe von einem Fich und die Überprüfung des Reisepasses. Weiter in die Stadt und eine kleine Kaffeepause wird eingelegt. Gerit und Flo setzen sich zu uns und nehmen ebenfalls ein Getränk zu sich. Gerit hatte sich vorher eine Tafel Schokolade gekauft. Die ersten Stücke konnten noch in fester Form genossen werden. Zehn Minuten später war nur noch Trinkschokolade in der Verpackung. Kein Wunder bei über 45 Grad.
Meine Hoffnung auf gemäßigte Temperaturen erfüllte sich kurz hinter dem Ort. Von 49,5 Grad ging es schlagartig auf 31 Grad herunter. Leider hielt diese Temperatur nicht lange vor. Waren es gestern gerademal 47 Grad in der Spitze, so erreichten wir heute 50.

An der Steilküste angekommen waren die Temperaturen auch nicht viel besser. Der Wind kam vom Landesinneren und somit war nichts mit der erhofften Abkühlung. Dafür waren die Ausblicke auf die Steilküste beeindruckend. Von der Abrisskante zum Strand waren 80 Meter keine Seltenheit. Trotzdem waren Einheimische mit ihrer Angel am Fischen. Fangen sie etwas, werden sie zu Bergsteigern und klettern hinunter und holen sich ihren Fang.

Die Luft in meinem Reifen fand auch weiterhin einen Weg in die Freiheit. Nochmaliger Einsatz meines Kompressors war erforderlich. Ein Radwechsel bei diesen Temperaturen wurde, aus gesundheitlichen Gründen, zurückgestellt. Auf dem Campingplatz ist es bestimmt kühler. Dort wird dann eine genaue Schadendiagnose vorgenommen. Vielleicht ist es ja nur der Ventileinsatz. So vierzig Kilometer vor dem Tagesziel überholt uns Eiko. Die geschätzte Geschwindigkeit möchte ich lieber nicht erwähnen. Nach fast fünfhundert Kilometern erreichen wir das Camp Bedouin.

Vor dem Zeltaufbau geht es in das Gemeinschaftszelt des Camps. Völlig erschöpft liegt Eiko, mit geschlossenen Augen, auf einer Matratze. Keine Kondition diese Jugend. Auch das Dreier Team kommt ins Zelt. Bis jetzt waren mir die ruhigen Jungs, Michale P., Florian und Christian W., sehr sympathisch. Christian sieht sich kurz um und trifft eine Feststellung: „Hier riecht es nach alten Männern"! Dem kann abgeholfen werden und nach einem kühlen Getränk gehe ich raus in die Sonne zum Auto. Jetzt ist der Reifen völlig ohne Luftunterstützung. Nun steht doch ein Radwechsel an. Auf geht es zum Rallyemechaniker. Der, zeigt kein Interesse die notwendige Arbeit zu verrichten. „Das kannst du auch alleine" ist seine Aussage. Theoretisch hat er ja recht, es ist nur viel zu warm. Draußen sind fünfzig Grad. Auch mein Hinweis dass ich ein Problem an der hinteren Bremse habe beeindruckt ihn nicht. Er soll ja nur mal eben das Rad abschrauben und nach dem Rechten schauen. Dass es ausgerechnet das platte Teil ist? Zufall. Meine Bemühungen haben leider keinen Erfolg. Ich muss selber ran. Es gibt Schlimmeres. Während der Girl- Days musste meine zwölfjährige Enkeltochter, in meiner Hofwerkstatt, vier Räder zu Ausbildungszwecken an einem PKW wechseln. Was das Kind schafft, werde ich auch noch irgendwie hinbekommen, zumal nur ein Rad zu wechseln war.

Nach ausgeschwitzten zwei Liter Flüssigkeit war die Schwerstarbeit erledigt. In ganz Marokko gibt es bestimmt nur zwei Stahlnägel. Einer war in meinem Reifen. Nach dem Zeltaufbau zurück ins Gemeinschaftszelt. Durch Zufuhr von Cola wird der Flüssigkeitsverlust ausgeglichen.

Dakhla

Die nächste Etappe geht über Laayoune, Boujdour nach Dakhla. Dakhla ist die letzte marokkanische Stadt auf unserer Route. Dort gibt es Einkaufsmöglichkeiten und Restaurants. Unser Campingplatz liegt direkt am Strand. In seiner Ansage am Vorabend erklärte Flo, das es nur zwei Plätze dort gibt. Er hatte die Wahl zwischen Pest und Cholera. Pest wurde genommen. Zumindest gibt es dort Wasser und Duschen. Wasser? Hoffentlich!

Weiter an der Atlantikküste durch die Westsahara. Die Straße führt durch mächtige Sanddünen und gelegentlich versperren ein paar Dromedare die dynamische Vorwärtsbewegung. In eine Verkehrsschule sind die nicht gegangen. In aller Ruhe überqueren sie die Fahrbahn. Dass so ein Vieh gelegentlich zurückläuft, ist auf jeden Fall einzuplanen. Die Dieselpreise haben sich durchaus positiv verändert. Für umgerechnet 72 Cent pro Liter macht sogar das Tanken wieder Freude. Obwohl umgerechnet sind das immer noch eine Mark einundvierzig. Allerdings werden die Tankstellen deutlich weniger. Auch der Verkehr hat deutlich nachgelassen. LKW, modernster Bauart, sind hier unterwegs. PKW stellen eine Ausnahme da.

In Boujdour werden Getränke nachgeladen. Die kühlten Flaschen erreichen aber schon nach einer halben Stunde Umgebungstemperatur. Mit ausgestrecktem Arm wird über den Fahrtwind eine Abkühlung, auf um die dreißig Grad, erreicht. Sollte ich so eine Tour noch einmal mitmachen, nehme ich auf jeden Fall eine Kühlbox mit. Ein Vorteil hat die Wärme aber doch. Die Büchsen mit den Tagesgerichten, im Kofferraum, brauchen nur sehr kurze Zeit, um ans Brodeln zu kommen. Sie sind halt vorgewärmt wie die Reifen im Rennsport. Die 550 Tageskilometer sind locker zu schaffen. Am frühen Nachmittag erreichen wir Dakhla. Der Campingplatz soll wenige Kilometer, links der Straße, vor der Stadt liegen.

Nach der üblichen Polizeikontrolle wird die Einfahrt gesucht. Mehrere Gebäude mit einer roten Fahne sind auf der linken Seite erkennbar. Alle fürs Militär oder sonstige staatliche Einrichtungen. Wir finden die Einfahrt nicht und sind schon in der Stadt. Umdrehen ist angesagt. Zurück, an der Auslasskontrolle der Polizei vorbei, und an der nächsten Tankstelle nachfragen. Der dritte Eingeborene erklärt uns mit Händen und Füssen den Weg. Wieder zurück in Richtung Dakhla.

Erneut in die Kontrolle. Der Polizist winkt uns zwar durch, aber ich halte und frage auch ihn nach den Camping Moussafir. Auch er deutet an das der gesuchte Ort gleich auf der linken Seite ist. Mit mehr wie offenen Augen geht es weiter. Da kommt ein Gebäude, wieder mit roter Fahne. Schon daran vorbei sehe ich aus dem Augenwinkel die verschwommene Aufschrift Camping. Rainer hat das schon vor mir gesehen. Von außen ist das als ein Campingplatz nicht erkennbar. Zwischen zwei Gebäuden durch und schon sehen wir unsere Kollegen stehen. Schatten ist wieder Mangelware. Kein Baum, kein nichts. Dafür der übliche Betonsand.

So schlimm wie Flo die Zustände beschrieben hat ist es aber lange nicht. Die Toiletten und Duschen sind soweit in Ordnung. Das gewohnte kalte Wasser ist auch da. Gegen Aufpreis kann sogar eine Dusche mit warmen Wasser benütz werden. Zumindest die ersten zwei Minuten ist das Wasser warm. Rainer hat es ausprobiert.

Der nächste Tag ist wieder ein Ruhetag. Defekte an den Fahrzeugen können repariert werden. Es liegen nur Kleinigkeiten vor. Beim Team OLie ist der Drehstromgenerator ohne Funktion und ein Turboladerschlauch macht Ärger.

Ich nutze die Freizeit, um meinen treuen Wegbegleiter eine Reinigung zukommen zu lassen. Handwäsche und eine Motorreinigung bringen ihn zum Glänzen. Das Ganze für fünf Euro. Für den Nachmittag ist eine Erkundungsfahrt zum Fischmarkt angesagt. Rainer und ich fahren beim Team OLie mit. Beim Markt angekommen ist sofort klar, wo man ist. Die Geruchsentwicklung ist eindeutig. Überall liegt Fisch in verschiedensten Größen herum. Auch Fleisch hängt von den Decken herab. Gerupfte Hühner ebenso. Absolute Frischware ist aber auch erhältlich. Lebende Hühner stehen ebenso zum Verkauf an wie frisches Obst und Gemüse. Ich zumindest habe erst einmal keinen Hunger mehr. Es wird aber fleißig gekauft. Fische, Obst und Gemüse. Mitten in der Halle steht ein Mann und schuppt die ehemals feuchten Kameraden, gegen ein geringes Entgelt, ab.

Zurück am Campingplatz beginnt das große Kochen. Überall wird gebrutzelt und gegrillt. Christian und Andre machen, neben Fisch, noch Irish Stew. Zwei Stunden, zerschreddert Christian irgendwelches Gemüse um dann fast drei Stunden das Zeug kochen zu lassen. Mein Menü, am Abend, war innerhalb von fünf Minuten essfertig. Schnell fahren kann Christian ja, aber schnell kochen?

Nach Nouadhibou in Mauretanien

Von Dakhla geht es über Guergarat nach Mauretanien. Vor dem Sonnenaufgang ist der Abfahrtszeitpunkt. Bis zum nächsten Treffpunkt, eine Tankstelle in 275 Kilometer Entfernung, ist freie Fahrt angesagt. Dort angekommen frage ich Flo, ob noch für eine Tasse Kaffee Zeit ist. Er hat es halt immer eilig. Die Antwort: „Na klar, du hast fünf Minuten – vier sind schon rum“. Die Zeit reichte dann doch.

Ab Tankstelle geht es im Konvoi zur marokkanischen Grenze. Die Organisation erledigt die Formalitäten für die gesamte Gruppe. Alle anderen bleiben schön brav in den Fahrzeugen sitzen. Einzeln werden die Fahrzeuge an der letzten Kontrolle abgefertigt und können ins Niemandsland einfahren. Ich bin als Letzter dran. Leider hat bei der Einreise ein Beamter, vergessen das Einreisedatum auf dem dreifach Fich im letzten Feld einzutragen. Jetzt soll ich eben nach Tanger zurück und eine Nachtragung vornehmen lassen. Er erbarmt sich dann doch und kommt mit zum Fahrzeug. Dort wird das Kennzeichen, Buchstabe für Buchstabe und Zahl für Zahl, mit den Eintragungen auf dem Fich verglichen. Nachdem der Beamte gewisse Ähnlichkeiten festgestellt hat, durfte auch ich das Land verlassen. Wofür das Ganze gut war, ist mir nicht klar geworden. Genau den Teil vom Fich habe ich bekommen und der liegt jetzt bei mir zu Hause.
Weiter im Konvoi durch das Niemandsland. Der Hinweis im Road- Book: Achtung Minen, Abstand halten, in Weichsandfeldern einsanden möglich. Falls sich jemand festfahren sollte – alle mit anpacken zum Schieben.

Mir kann ja nichts passieren. Nur noch Eiko ist hinter mir als letztes Fahrzeug. Zwölf Autos vor mir werden den Weg gegebenenfalls schon Freiräumen. Rechts und links stehen jede Menge Autofracks. Die sind aber nicht durch irgendwelche Minen zerlegt worden. Technische Defekte sorgten für die Aufgabe der ehemaligen Wertstücke. Genügend Ersatzteilverwerter räumen dann die Kisten, bis zur nackten Karosse, leer. Sieht wild aus, ist aber harmlos. Selbst LKW kämpfen sich durch das Niemandsland. Heftige Wegführung aber machbar.

An der Grenze zu Mauretanien erledigt die Organisation wieder alle Formalitäten. Nach einigen Stunden, in der glühenden Sonne, geht es dann weiter im Konvoi nach Nouadhibou.

Der Übernachtungsplatz ist die Villa Maguela. Ein netter Ort direkt am Meer. Wie eine kleine Festung aufgebaut und mit einer Schutzmauer umgeben. Für unsere Sicherheit sorgen zwei Polizisten. Ob das notwendig ist? Ich glaube nicht. Auch der Autokäufer ist schon da. Flo erklärt uns die Örtlichkeiten und am Abend gibt es ein gemeinsames Fischessen. Der nächste Tag wird besprochen. Volles Programm.

Kurz vor zehn Uhr ist die planmäßige Abfahrt zum Projekt mit Besichtigung. Gespannt auf das AEPN-Waisenhaus geht es pünktlich los. Von den dortigen Mitarbeitern werden wir freundlich empfangen. Ein sauberes zweistöckiges Gebäude, im leichten Rosa gehalten, steht vor uns. Vor dem Haus spielen einige Jungs Fußball. Anhand der verwendeten Trikots ist sofort erkennbar das hier schon öfter Deutsche zu Gast waren. Im Hof wartet schon eine Musikgruppe, die, gemeinsam mit den Kindern, uns mehrere Lieder vorsingen wollen. Zurückhaltend schauen uns die Kinder an. So viele Fremde bewaffnet mit Fotoapparaten und in anderen Hautfarben wie: Weiß, Braun und Rot. Die Kleinsten sind gerade mal fünf Jahre alt. Nett sehen sie aus. Sehr sauber und bunt gekleidet.

Zögerlich nehmen die Kleinen ihre Aufstellung ein. Nach kurzer Zeit sind fast alle versammelt und die Vorführung beginnt. Singend und tanzend tragen die Kids ihre Songs vor. Sogar kleine Solo-Einlagen werden gegeben.

Der erste Luftballon wird aufgeblasen und ist sofort Mittelpunkt einiger Kinder. Ein kleines Mädchen verteidigt ihren neuen Besitz erfolgreich gegen einen etwas größeren Jungen.

Nach dem Gesang beginnt die eigentliche Besichtigung des Hauses. Sehr saubere Waschräume und Toiletten. Eine gepflegte Küche, in der die täglichen Mahlzeiten zubereitet werden und ein Ruheraum. Die Kinder empfangen uns in den Klassenräumen. Sehr unterschiedliche Temperamente sind vertreten. Während im ersten Raum die Kinder sehr lebhaft sind und uns die mitgebrachten Buntstifte und Malbücher aus den Händen reißen, sind in einem anderen Raum die Kinder deutlich zurückhaltender. Luftballons werden aufgeblasen und sorgen, zumindest bei mir, für eine halbstündige Vollbeschäftigung. Hoch interessiert sind die Mädchen und Jungen an den gemachten Fotos. Dank der digitalen Technik können gemachte Aufnahmen sofort begutachtet werden. Sehr zur Freude der kleinen Fotomodelle.
Vom Dach ist ein Rundblick über das graue Nouadhibou möglich. Sehr eintönig und nicht wirklich berauschend. Um so mehr fällt natürlich das Kinderhaus auf.

Nach zweieinhalb Stunden ist Abfahrt zum Cap. Vorher gibt es noch eine kleine Kostprobe des Mittagessens. Gemüse, Obst, Reis, und heute auch Hühnchen, werden täglich serviert. Sehr schmackhaft.

Am langen, Touristenfreien, Sandstrand angekommen stürzten sich einige sofort in die Fluten. Ich beschränke mich, auf den Versuch, meine Wasserflasche zu kühlen. Die Wellen sehen darin eher einen Spielball und entführen mein Getränk. Zumindest werde auch ich bis zu den Knien nass.

Mit einem Teil der Gruppe nehme ich an einem Rundgang um den Leuchtturm teil. Ein Führer zeigt uns die Hauptpunkte des Rundweges. Am Leuchtturm angekommen fallen sofort die großen Geier auf. Ziemlich ausgehungert erwägen sie wohl die Möglichkeit, ob wir eine mögliche Futterquelle darstellen. Wir befinden uns aber alle in guter Kondition.

Zurück zum Strand, und gemeinsam fahren alle zum Fußballstadion. Das übliche Fußballspiel gegen die – Nationalmannschaft – Mauretaniens steht an. So richtig Lust hat keiner der Teilnehmer. Selbst die jungen Burschen halten sich zurück. Ich melde mich, als einer der ersten, zum Einsatz. Der Posten des Trainers war ja auch noch nicht besetzt. Nach und nach kommen dann doch acht Spieler zusammen. Zweimal 15 Minuten bei 45 Grad Wärme.

Da mich der Schiedsrichter, spätestens nach meinem zweiten Zwischenruf, ohnehin auf die Tribüne verbannt hätte, nehme ich sofort dort im Schatten Platz. Klug und überlegt gehen unsere Spieler die Sache an. Den Gegner einfach laufen lassen. Irgendwann geht denen die Puste schon aus. Wie sich herausstellt wahrscheinlich erst nach dem Spiel. Nicht immer werden meine klaren Anweisungen verstanden und so geraten wir leicht in Rückstand. Was ist zum Beispiel an: „Hau ihn um“ so schwer zu verstehen?

Am Ende vom Spiel stand es sieben zu zwei für Mauretanien. Allerdings waren mindestens vier Gegentore ein klares Abseits und bei zwei weiteren hat der Wind deutlich zu unserem Nachteil mitgeholfen. Eigentlich hätten wir gewonnen. So aber ging der Pokal an die Gegner und unsere Spieler bekamen die Zitronen. Wie im richtigen Leben wird er Trainer für alles ver-

antwortlich gemacht. Fünf Minuten nach dem Spiel, als unsere Jungs wieder sprechen konnten, war ich entlassen.
Einige Mädels zeigten uns bei einem Basketballspiel ihr Können. Diese sportlichen Aktivitäten werden ebenfalls von der AEPN gefördert. Zurück zum Auto und Abfahrt zur Villa. Dort werden dann die Autos verkauft. Nur, mein Car springt nicht an. Die Batterie ist leer. Warnzeichen gab es vorher nicht. Anschieben und Abfahrt. Schadenfeststellung wird am Übernachtungsplatz vorgenommen.

Der Autokäufer ist schon vor Ort und begutachtet sämtliche Fahrzeuge. Geschlossen steht die Gruppe dabei und lernt die Verhandlungstaktiken der Einheimischen kennen. Jetzt ist es umgekehrt. Wir sind nicht mehr die Käufer, die den Preis nach unten drücken wollen. Gedenk der Tatsache immer fünfzig Prozent nach unten versuchen wir unserer Glück mit einem entsprechenden Zuschlag auf den gewünschten Preis. Der Verhandlungen verlaufen zäh. Teilweise werden die Gespräche zurückgestellt und es geht ans nächste Auto. Mein Preis steht, für mich, fest. Unter dieser Summe bekommt er meinen Wagen nicht. Notfalls eben per Achse zurück nach Deutschland. Das Höchstgebot von Ali Baba wird dann eben so gespendet. Schließlich ist jeder erreichte Euro bei der AEPN bestens aufgehoben.

Es war vorher bekannt das Benziner und Kombis keine Höchstpreise erzielen. Der W 124 als 200er Diesel geht am besten. Drei Stück sind vorhanden. Es wird schwierig. Der Bursche will nicht so wie wir. Die Brüder Christin und Andre, Christian W., Florian, Michael P. und ich schließen uns zu einer Interessengemeinschaft zusammen. Wir verhandeln unsere drei 200er im Paket. Gerit übersetzt und wir einigen uns auf einen Preis. Untereinander teilen wir die Summe entsprechend auf. Geht doch. Alle Fahrzeuge waren verkauft. Selbst der durchsichtige Jeep brachte noch einen erträglichen Preis. Einige waren schon ein wenig traurig das es jetzt nicht mehr ihr Auto war. Verkauft wurde per Handschlag. Hier zählt das noch und ist verbindlich. Habe ich dem Käufer überhaupt die Hand gegeben? Die Berliner Jungs hingegen waren froh ihre Kiste, an den Mann gebracht zu haben. Langsam aber sicher ging das notwendige Klebeband, zum Zusammenhalten der losen Karosserieteile, aus.

Mittlerweile war es dunkel geworden und das Abendessen stand an. Es gab Reis mit Kamelfleisch. Landesüblich wird mit den Händen gegessen. Eine große Schüssel kommt auf den Tisch und mit der Hand wird hineingegriffen. Der Reis wird zu Kugeln gerollt und dann gegessen. Ich entscheide mich für den bereitliegenden Löffel.

Nach dem Essen will Eiko sich um mein Fahrzeug kümmern. Der Lichtmaschinenregler steht als Verursacher sofort fest. Keine große Sache. Eiko hat gängigen Ersatz dabei. Die zwei Schrauben werden gelöst. Aber das Ding will einfach nicht raus. Mit Hilfe von Smartphone und Spiegel wird ein Foto des Übeltäters gemacht. Erstaunlicherweise ist das Teil mit drei Schrauben befestigt. Vier Regler stehen zur Auswahl. Keiner passt. Eigentlich gibt es nur zwei Sorten. Mein Vorschlag den alten, unter zur Hilfenahme einer Kugelschreiberfeder, wieder einzubauen, wird belächelt. Er macht es aber dennoch. Immerhin hält die Sache zweihundert Kilometer.

Weiter nach Nouakchott

Nach dem Frühstück werden noch ein paar Ohrringe erworben. Handgefertigt und sehr schön anzusehen. Ohne Mitbringsel nach Hause. Kommt bestimmt nicht gut. Die Besitzerin der Villa entwirft ihre Kollektion selbst und hat bietet interessante Schmuckstücke an.

Der nächste Tag führt uns nach Nouakchott. 450 Kilometer, im Konvoi, stehen an. Die Abfahrt ist für neun Uhr geplant. Eine Polizeieskorte soll uns begleiten und vor möglichen Angriffen schützen. Leider stehen wohl nur zwei Fahrzeuge der Polizei zur Verfügung. Das Erste ist defekt und das Zweite hat keinen Sprit. Wir fahren ohne, immer hinter Flo hinterher. Jede Menge Polizeikontrollen sind zu bewältigen, stellen aber kein Problem dar.

Bei der Mittagspause wechseln Flo und ich die Batterien unserer Fahrzeuge. So ist gewährleistet, dass meine Stromverbraucher über ausreichende Kapazität verfügen. Beim Losfahren verliert Flo seinen Auspuff. Macht nichts. Auf einem Dachträger verpackt und es geht weiter.

In Nouakchott angekommen werden wir zu unserer Luxusherberge geführt. Zwei Nächte im Appartement. Die Raumgrößen variieren zwischen zwei, vier und sechs Schlafmöglichkeiten. Rainer und ich entscheiden uns für die Vierer Möglichkeit. Da meine Geräuschentwicklung beim Schlafen bekannt ist, bleiben wir allein im Zimmer.

Abends gibt es ein gemeinsames Abendessen. Sponsor ist der Autokäufer. Der lässt seine gekauften Autos nicht mehr aus den Augen und begleitet uns. Ist ja auch verständlich. Es gibt Fisch, Hühnchen, Salate und Fritten. Nicht alkoholische Getränke werden ebenfalls gereicht. Gegessen wird auf dem Boden. Nichts für meine Bandscheibe. Ich erledige das eben im Stehen.
Zum Essen erhalten wir Besuch des deutschen Botschafters. Sämtlich vorhandene alkoholische Getränke der Botschaft bringt er mit. Zwölf Büchsen Bier und zwei Flaschen Wein. Diese werden auf die Teams verteilt. Ich verzichte auf mein Bier und greife zu einer rötlichen Dose. Als bekennender Nichttrinker fällt das nicht schwer.

Am nächsten Tag müssen wir alle zur senegalesischen Botschaft. Unsere erteilten Visa oder die bezahlten Einreisedokumente waren zwischenzeitlich ungültig geworden. Flo und Gerit kümmern sich um solche Kleinigkeiten. Die zuständige Beamtin kommt und nach einer kleinen Bestechung, in Form eines Schokoladen-Gebäcks, nimmt sie ihre Arbeit auf. Alle unsere Pässe und zwei neue Fich bleiben bei der Dame. Wir dürfen gehen. Sie braucht halt etwas länger und sollte etwas unklar sein meldet sie sich per Telefon. Am Nachmittag soll alles fertig sein.

Eine Besichtigung des Fischmarktes und der Markthallen wird vorgenommen. Mit drei Taxen geht es in die Stadt. Unsere Fahrer führen uns an den Strand. Hier spielt das Leben. Hunderte von Menschen sind mit Fischfang, Aufbereitung und Verkauf beschäftigt. In den Wellen tanzen Fischerboote wenige Hundert Meter vor der Küste. Direkt am Ufer stehen junge Männer mit Netzen und sammeln die überflüssigen toten Fische auf. Riesige Berge mit toten Fischen liegen herum. Dem bunten Treiben könnte ich stundenlang zusehen. Unsere Fahrer bringen uns dann zum Marktplatz. Der Geruch ist doch eigenwillig. Unzählige Händler verkaufen alles Mögliche. Nur eine Toilette scheinen die nicht zu haben. Zwischen den Ständen wird sich hingehockt, ein Schluck Wasser zum Nachspülen und Sand drauf. Erledigt.

Anders wie in Marrakech wird man hier nicht bedrängt. In aller Ruhe können die Auslagen besichtigt werden. Im Gegenteil: Rainer kauft sich, an einem der vielen Zigarettenstände, notwendige Beruhigungsmittel. Auch einige Dosen Cola stehen dort zum Verkauf an. Ich möchte eine erwerben. Der Verkäufer winkt ab. Die sind nicht kalt. Aber in einer kleinen Gasse gibt es, in einer Boutique, gekühlte Getränke. Da ich bei der Wegbeschreibung doch etwas sparsam geschaut habe, geht ein Mauretanier vorweg. Selbst die Bestellung nimmt er für mich vor. Klasse.

Zurück in unserer Herberge gibt es immer noch kein Strom und Wasser. Kein Problem. Das Duschen kann warten. Die persönliche Geruchsentwicklung hält sich in erträglichen Grenzen. Nur das Spülen auf der Toilette mit dem gekauften Mineralwasser wird langsam teuer. Was soll es, wir sind schließlich in Afrika.

Am Nachmittag werden alle überflüssigen Ausrüstungsgegenstände aussortiert. Lebensmittel, Gaskocher, Gasflaschen, Zelte, Stühle, Werkzeuge und was sonst noch nicht mehr gebraucht wird, kommt auf einen Haufen. Die Entsorgung wird vor Ort, sicherlich nicht widerwillig, vorgenommen.

Neben Strom und Wasser sind auch unsere Pässe wieder da. Alles soweit in Ordnung. Großes Kochen ist auf der Terrasse angesagt. Reinhard übernimmt das Kommando. Alle schon entsorgten Lebensmittel werden einer Überprüfung unterzogen. Die meisten finden Zuspruch und werden doch noch zum Verzehr vorbereitet. Über zwei Stunden brutzelt Reinhard. Bevor das Gekochte oder Gebratene an weitere Verbraucher übergeben wird, nimmt er sich eine mehr oder weniger kleine Kostprobe. Auch für mich kocht Reinhard. Nach Überprüfung des Inhalts meiner Büchse kommt nur: Da fehlt es an allem. Mir hat es geschmeckt.

Die letzte Etappe

An nächsten Morgen geht es auf die letzte Etappe. Teerstraße und Piste erwarten uns in Richtung Senegal. Laut Road- Book eine anstrengende Fahrt. Das größte Problem soll ein mögliches Einschlafen sein. Hitze, Staub und korrupte Kontrollposten erwarten uns. Dafür gibt es am Abend Ruhe, Entspannung und gekühltes Bier in St. Louis. Hauptsache es gibt auch gekühlte Limo.

Vorher erwartet mich aber die Abgabe meines treuen Wegbegleiters. Welche Mängel gab es? Ausfall des Frischluftgebläses schon in Spanien. Ich habe es überlebt. Ein defekter Lichtmaschinenregler. Ein Diesel läuft auch ohne Batteriestrom. Der Wegfall von ABS, Blinker oder Bremslicht. Für mich nicht so wichtig. Anspringen? Es gibt genügend Leute zum Anschieben. Der Plattfuß zählt nicht. Einen Nagel kann überall einfahren werden.

Über Fels, Sand, Teerstraßen und Schotterstrecken und jedes nicht rechtzeitig erkannte Schlagloch. Alles wurde ohne ein Murren geschluckt. Selbst die Sitze haben nicht zu Rückenschmerzen geführt. Die Motorleistung? Na ja. Dafür war der Spritverbrauch, mit knapp über fünf Liter auf Hundert, erträglich. Ich bin nun absolut kein Mercedesfreund. Sicher es muss auch solche Autos geben und irgendwann kaufen sich auch Mercedesfahrer mal ein vernünftiges Fortbewegungsmittel. Für eine solche Tour aber? Ich würde wieder einen Mercedes W 124 200er Diesel nehmen, zumal dann doch für diese Fahrzeuge die höchsten Preise erzielt wurden. Für das Kinderhaus soll ja auch möglichst viel rauskommen.

Noch ein letztes Mal wird eine Tankstelle angefahren. Eigentlich habe ich genügend Sprit an Bord. Aber wann kann man schon für 10.000 tanken. Den Spaß wollte ich mir nicht entgehen lassen. An der Tankstelle kommt Jutta vom Damenteam zu mir. Ob ich noch Geld in Landeswährung habe. Sie reichen nicht mit ihrer Barschaft. 5.000 habe ich noch und leihe ihnen gerne den Schein. Umgerechnet nicht ganz 15 Euro. Eine Rückgabe erfolgte leider nicht. Schade, das Geld hätte ich gerne noch in die Sammelbüchse, für das Waisenhaus, gesteckt.

Nur noch 270 Kilometer Fahrspaß. Die Letzten davon auf einer sandigen Piste. Zur Frühstückpause gibt es noch einmal für jeden ein Baguette. Schon etwas warm geworden klappt es in der Mitte zusammen. Ist halt handlicher, schmeckt aber genauso gut.

Weiter geht es zur senegaleschen Grenze. Die Sandpiste über den Damm und direkt daneben macht nochmals richtig Freude. Das zwei Selbstmörder-Warzenschweine unbedingt noch vor mein Auto laufen müssen liegt an der mangelnden Verkehrserziehung vor Ort. Notbremsung und ein Zusammenstoß wird vermieden. Plötzlich taucht Christian, mit seinem Rennwagen, neben mir auf und stoppt mich. Das MB 100 Team ist ohne Sprit stehen geblieben. Eiko braucht zum Abschleppen einen meiner Spanngurte. Neben dem Spanngurt kann ich auch noch mit einem gefüllten Reservekanister dienen. Christian donnert im Qualifyingmodus zurück. Die restliche Gruppe wartet, bis wir wieder komplett sind und kurz darauf ist die Grenze erreicht..

Die Ausreise Mauretanien geht relativ flott. Direkt hinter der Grenze, im Niemandsland, werden die Fahrzeuge geparkt. Jetzt heißt es wirklich Abschied nehmen. Ein wenig schwer fällt es dann doch. Die Kennzeichen abbauen und das restliche Gepäck an den Straßenrand stellen. Der Kilometerzähler zeigt 249.512 an. Drei Wochen und 8.347 Kilometer waren mein „Silberfeil“ und ich unzertrennlich.

Aber das Abenteuer geht weiter. Das Buschtaxi kommt. Ein Mercedes 208 mit 15 Sitzplätzen. Der Fahrer und zwei junge Burschen steigen aus. Nach senegalesischer Berechnung reicht das Fahrzeug für die komplette Gruppe aus. Wir sind ja nur sechsundzwanzig Personen. Flo fährt ohnehin in einem PKW hinter uns her. So können die, während der Fahrt, abgeworfene Gepäckstücke noch geborgen werden. Das Fahrzeug hat sicherlich schon bessere Tage gesehen. Mit Geduld und Lederriemen wurden die Spurstangen befestigt. Das der Boden, im Laderaum, einen kleinen Riss hat ermöglicht immerhin den Blick auf die Hinterachse und den Straßenbelag. Die Bremsen sind aber soweit in Ordnung. Bei „Achtung Kontrolle“ würden die Transportmittel für ein Highlight sorgen. Für Senegal ein normaler Zustand.
Gepäck und Personen passen nicht in und auf das Luxusmobil. Ein weiteres Fahrzeug, im Zustand etwas besser, kommt dann doch noch. Eiko betätigt sich als Lademeister und verstaut unser Gepäck auf den Dächern der Klapperkisten.

Die Grenze zum Senegal ist nur wenige Hundert Meter entfernt. Wir dürfen dort aussteigen und in ein kleines Restaurant gehen. Da gibt es neben den Erfrischungsgetränken auch Kleinigkeiten zum Essen. Flo kümmert sich um unsere Einreise. Kaum gibt er uns unsere Pässe zurück, sammelt er sie auch wieder ein. Aber auch diese Hürde ist bald überwunden und es geht mit dem Buschtaxi weiter.

Bei jedem Schlagloch wird der Riss im Boden, unseres Vehikels, etwas größer. Macht nichts, Andreas hat noch Klebeband dabei. Notfalls wird die Karosserie, wie bei den Berlinern, mit Tape zusammengehalten. Die Zebrabar wird ohne Verluste erreicht. Zügig werden die beiden Fahrzeuge entladen und Flo hält eine kurze Ansage zum weiteren Ablauf. Wer einen Bungalow gemietet hat, bekommt von Ursula, Chefin der Zebrabar, die Schlüssel. Die Zelte sind weiter hinten aufzubauen. Gemeinsames Abendessen und morgen zwischen 10 Uhr 30 und 12 Uhr stellt Gerit die Spendenquittungen aus. Die Bürozeiten sind einzuhalten. Abends dann die große Barbecue Party mit Band und Tanz. Bis dahin Freizeit und Erholung.

Im Ziel

In der Morgendämmerung sollen Nebelschwaden auf dem Senegal-Fluss zu sehen sein, während die Fischer mit ihren Booten rausfahren. Frühzeitiges Aufstehen ist angesagt. Die Zebrabar liegt direkt am Flussufer und von meinem Zelt sind es nur wenige Meter bis zum Ufer. Nebelschwaden sind nicht zu sehen. Die Fischer sind aber aktiv. Die morgendliche Stille ist herrlich. Das Frühstück gibt es erst am späten Vormittag gegen halb acht. Somit kommt mein Gaskocher zum Einsatz. Auf heißes Wasser für meinen Morgenkaffee kann nicht verzichtet werden.

Bis zum Wasserhahn sind es nur ein paar Schritte. Trotzdem reicht die Entfernung aus, um mich um meine lange gehüteten Haribos zu bringen. Bevor ich eingreifen kann, flieht ein Dieb mit der Beute. Hinterher. Der Gangster spielt mit mir. In aller Ruhe bleibt er sitzen und öffnet die Tüte. Komme ich näher, läuft er ein paar Meter weiter und futtert genüsslich. Keine Chance für mich ihn einzuholen. Immerhin kann ich eine genaue Täterbeschreibung geben. Brauner Rücken, weiße Brust und lange Reißzähne.

In seiner Ansage soll Flo etwas von räuberischen Affen erzählt haben. Ich habe es nicht mitbekommen, dafür aber den Wahrheitscharakter erlebt. Na warte der nächste Morgen kommt bestimmt und dann sprechen wir uns aus.

Nach der Ausstellung der Spendenquittung geht es mit einem Fischer über den Senegalfluss auf die andere Seite zu einer Landzunge. Der dreißig Kilometer lange Sandstrand lädt zum Baden im Atlantik ein. Außer uns ist kein Mensch zu sehen. Dafür liegt am Strand ein toter Wal. Zwischen neun und zehn Meter lang. Das er schon länger in der Sonne liegt zeigt seine gebräunte Hautfarbe. Zurück und den Nachmittag mit Lesen und kleinen Spaziergängen am Flussufer verbringen.

Pünktlich zum Sonnenuntergang beginnt die Party. Flo verteilt noch ein paar Ehrennadeln für besondere Teilnehmer. So gibt es für die dritte Teilnahme eine. Reinhard bekommt eine und auch seine Frau. Diese aber nicht für die dritte Teilnahme, sondern dafür, dass sie ihren Mann klaglos die ganze Tour ertragen hat. Auch Rainer bekommt eine. Als Anerkennung dafür das er die Tour, trotz Absage seines Mitfahrers, alleine und ohne Ticket für zu schnelles Fahren durchgestanden hat. Christian bekommt ebenfalls eine, wahrscheinlich war er in Marokko „Tour- Schnellster“.

Eine einheimische Band ist angekommen und sorgt für musikalische Untermalung. Die Tänzerin gibt ihr Bestes und zeigt deutliche Kondition. Etliche Salate, Reis und sonstige Leckereien werden zum gegrillten Fleisch gereicht. Auch Nachtisch, verbunden mit Kaffee, gibt es. Die Nachspeise muss mehrmals einer Geschmacksprobe unterzogen werden.

Ein Feuerschlucker zeigt uns noch sein Können und bis spät in die Nacht wird gefeiert. Wer morgens früh aufsteht, muss abends zeitiger ins Bett. Gut gesättigt ziehe ich mich in mein Zelt zurück, und versuche zu schlafen. Das gelingt nur mühsam, da die Geräuschentwicklung doch nicht ohne ist. Aber sich über mein Schnarchen beschweren. Eine weitere Kleinigkeit stört sehr. Meine Luftmatratze, auf der ich wirklich prima geschlafen habe, hat keine Luft mehr. Auch nach dem erneuten Aufpumpen wird der Abstand zum Zeltboden nur kurzfristig eingehalten. Irgendwo hat sich ein Loch eingeschlichen. Die geplante Rückführung nach Deutschland hat sich somit auch erledigt.

Am nächsten Morgen warte ich vergebens auf den Dieb. Nichts zu sehen. Die Terminvereinbarung war auch, von mir, sehr einseitig getroffen worden. Da heute Nachmittag die Abreise nach Dakar zum Flughafen ansteht, wird schon einmal die Reisetasche gepackt. Neben dem Zelt, gut verschlossen, abgestellt kann eigentlich nichts passieren. Ich denke und die Diebe handeln. Kaum habe ich mich fünfzig Meter entfernt kommen sie jetzt zu dritt. Wie sie die Reisetasche aufbekommen haben, entzieht sich meiner Kenntnis. Geschafft haben sie es aber. Fast komplett ausgeräumt liegen meine Habseligkeiten schön verteilt neben dem Zelt. Essbares war nicht mehr vorhanden und so zogen sie ohne Beute wieder ab. Um meine überzähligen Sachen wie Kocher, Zelt, Schlafsack und so weiter brauche ich nicht weiter kümmern. Die werden gerne vom Personal kostenlos entsorgt.

Nach dem Frühstück wird ein Ruheplatz im Schatten aufgesucht und gelesen. Rainer hat in seinem Bungalow meiner Reisetasche eine sichere Aufbewahrung ermöglicht. Gegen 16 Uhr kommt ein Taxi um, insgesamt, zehn Personen zum Flughafen zu bringen. Ich hatte gehofft das Buschtaxi von der Herfahrt wieder zusehen. Irgendwie fand ich es gut. Für die paar Personen ist es dann doch zu groß gewesen und eine kleinere Variante wurde eingesetzt. Eiko verstaut und befestigt wieder unser Gepäck auf dem Dach. Das Platzangebot im Inneren ist äußert spärlich, aber es geht. Verabschiedung von den anderen, die sich noch ein paar Tage Erholung gönnen, und Abfahrt. 300 Kilometer, bis Dakar, liegen noch vor uns. Unser Jeep-Michael hatte anscheinend noch nicht genug Abenteuer gehabt. Um einen Tag verrechnet, musste er schon gestern den Rückflug antreten. Da eine Solofahrt um die 100 Euro kostet, hat er die spannende Variante gewählt. Mit einem Einzeltaxi vom Campingplatz nach St. Louis. Weiter mit einem Sammeltaxi nach Dakar. Von der Endstation dann zum Flughafen. Ich hätte mir das nicht getraut.

Während der Fahrt hielten wir immer wieder Ausschau nach Michael. Nicht dass er irgendwo am Straßenrand steht. Er soll es wohl geschafft haben. In jeden größeren Ort stehen die Sammeltaxis und werden neu mit Menschen beladen. Stehplätze scheinen durchaus üblich. Teilweise völlig überfüllt und mit lebenden Tieren auf dem Dachgepäckträger schwanken die Dinger durch die Gegend. Richtig gemütlich sieht das nicht aus. Teilweise sind Fahrzeuge ohne Licht unterwegs und erst spät, als Hindernis, zu erkennen. Scheint hier aber durchaus üblich. In tiefer Dunkelheit erreichen wir, ohne einen Unfall gehabt zu haben, den Flughafen.

Das Einchecken, nach Ausfüllen eines Fiches, geht recht zügig. Durch die Sicherheitskontrolle in den Warteraum. Für europäische Flughafenpreise kann dort Kaffee, Limo oder ein Sandwich erworben werden. Auch die Qualität, der Sandwich entspricht, europäischen Standard. Gummi halt. Einen Raucherraum gibt es nicht und noch sind es drei Stunden bis zum Abflug. Eine Treppe höher ist eine Art Restaurant. Für acht Euro Eintritt gibt es ein Getränk und die Möglichkeit zu rauchen. Acht Euro für ein Getränk? Dann eben nicht. Rauchen ist auch nicht so wichtig.

Für afrikanische Verhältnisse findet Abflug superpünktlich statt. Mit nur kurzer Verspätung erreichen wir Lissabon. Hier trennen sich die Wege unserer kleinen Gruppe. Ich fliege alleine nach Düsseldorf. Florian will nach Amsterdam und der Rest nach Frankfurt. Nicht ganz zwei Stunden Aufenthalt sollen ja wohl für eine Zigarettenpause genügen. Nur ich finde den Raucherraum nicht. Ich wünschte ich hätte ein Road- Book. Auf der Suche nach einer erlaubten Ecke treffe ich auf Ralf. Gemeinsam suchen wir und Ralf wird fündig. In dem Kabuff mag man eigentlich nicht reingehen. Gäbe es nur solche Möglichkeiten, würde ich sehr schnell zum Nichtraucher.

Fast pünktlich geht mein Anschlussflug. Vorher begegne ich noch einmal Florian. Sein Weiterflug hat nicht geklappt. Die kurze Verspätung hat gereicht, um seinen Flieger zu verpassen. In sechs Stunden geht dann der Nächste.

In Düsseldorf angekommen erwartet mich meine Frau. Eine Überraschung hat sie auch dabei. Tammy, meine Enkeltochter, ist ebenfalls in Warteposition und freut sich ihren Opa, völlig unbeschädigt, wieder zu haben. Eine nochmalige Trennung von drei Wochen wird, sowohl von meiner Frau als auch von Tammy, für die Zukunft nicht mehr erlaubt. Bei Tammy gibt es aber eine Einschränkung. Wenn sie mit darf, würden auch vier Wochen Abwesenheit genehmigt.

Das Pfingstwochenende steht an. Auf der Autobahn ist nur eine Wüstenfahrtgeschwindigkeit möglich. Sind wir sonst in maximal zwei Stunden zu Hause, dauert es jetzt über drei. Macht aber nichts. Es gibt viel zu erzählen.

Im Nachhinein wird die Reise natürlich überdacht. Die erwartete Fahrfreude war im vollem Umfang da. Auch für einen Alleinfahrer jederzeit zu schaffen. Die Organisation war Prima. Ich schätze klare Anweisungen. Beim Road- Book hätte ich mir, hier und da, einen Satz mehr zum Auffinden der Campingplätze gewünscht. GPS – Koordinaten bringen nur etwas bei Vorhandensein entsprechender Geräte. Unbedingt notwendig sind sie aber nicht. Die Gruppe war sehr homogen und ich glaube für Flo und Eiko recht pflegeleicht. Alle Übernachtungsplätze waren absolut in Ordnung. Lediglich die Appartement-Übernachtungen haben mir nicht so gefallen. Ist halt immer eine Geschmackssache.

Die Anforderungen, der Organisation, an die Fahrzeuge sind absolut berechtigt. Wer Reparaturen und Schäden vermeiden will, sollte sich tunlichst an die Vorgaben für die Sonderausführungen halten. Instandsetzungsarbeiten in Afrika sind vom Lohn her zwar günstig, die Ersatzteile kosten aber schon einiges. Lieber auf dem Campingplatz gammeln – heute heißt das glaube ich Chillen – als sich um das Flott machen des Fahrzeuges zu kümmern.

Das Waisenhaus war in einem super Zustand und auch das Personal vor Ort scheint hervorragende Arbeit zu erbringen. Die Kinder machten einen sehr gepflegten und gesunden Eindruck. Jeder Euro, der hier ankommt, wird mit Sorgfalt für die Kinder eingesetzt. Und wo kam man schon direkt vor Ort sehen, was aus dem gespendeten Geld wird?

Der Verkauf der Fahrzeuge brachte die Summe von 9.810 Euro zusammen. Die monatlichen Kosten für die Betreuung, von bis zu 100 Kinder, betragen etwa 2.600 Euro. Somit sind für fast vier Monate die notwendigen Ausgaben gedeckt. Zweimal im Jahr findet eine solche Rallye statt. Bei dieser Mai-Ausgabe waren aber nur 14 Fahrzeuge dabei. Ebola-Warnungen zeigten ihre Wirkung bei der Anmeldung. Ein Blick auf die Landkarte hätte allerdings gezeigt, dass die betroffenen Gebiete doch ein paar Kilometer weiter südlich sind.

Im Regelfall ist diese Veranstaltung schon frühzeitig ausgebucht. Höchstens 25 Fahrzeuge gehen auf Tour. Rein rechnerisch ermöglicht der Verkauf von 50 Fahrzeugen im Jahr die kompletten Unterhaltskosten für das Waisenhaus.

Alles in allem eine großartige Reise. Zusätzlich, neben Abenteuer und vielen landschaftlichen Eindrücken, für einen wirklich guten Zweck. Gerne würde ich eine solche Fahrt nochmals unternehmen.

Mit welchem Fahrzeug? Am liebsten wieder mit einem DB-W124.
DB= Durchaus Brauchbar, W= Wirtschaftlich, 124= Höchstgeschwindigkeit, aber erst nach einem entsprechenden Anlauf.